国家自然科学基金项目·管理科学与工程系列丛书

服务参与中的顾客社会化：策略、机制与后果

徐 岚 崔 楠 著

科 学 出 版 社

北 京

内 容 简 介

　　服务需要生产和消费同时发生的特性使得顾客必须作为一个"部分员工"参与服务的生产和传递过程。顾客社会化研究旨在探索企业如何通过社会互动引导顾客了解或适应组织的活动或过程，使顾客能够清楚地知道与"部分员工"相关的角色内容以及行为规范，从而提高服务绩效。本书在现有为数不多的顾客社会化研究文献基础上，试图借鉴和吸收来自任务学习、社会影响和组织社会化等理论的丰富观点和相关概念，拓宽顾客社会化研究的理论基础，形成相对系统的理论构架。本书包括五项研究：研究一采用扎根理论对顾客社会化的影响过程进行探索性研究；研究二至研究五分别针对顾客任务社会化、群体社会化和组织社会化的具体策略、机制和后果进行研究。研究结果为企业服务战略制定及服务过程管理提供了管理启示。

　　本书适宜服务营销专业研究生和服务型企业管理人员阅读。

图书在版编目（CIP）数据

服务参与中的顾客社会化：策略、机制与后果/徐岚，崔楠著. —北京：
科学出版社，2017.10

ISBN 978-7-03-052562-8

Ⅰ.①服… Ⅱ.①徐… ②崔… Ⅲ.①企业管理–营销服务 Ⅳ.①F274

中国版本图书馆 CIP 数据核字（2017）第 066954 号

责任编辑：徐　倩/责任校对：王晓茜
责任印制：吴兆东/封面设计：无极书装

科 学 出 版 社 出版
北京东黄城根北街 16 号
邮政编码：100717
http://www.sciencep.com

北京凌奇印刷有限责任公司 印刷
科学出版社发行　各地新华书店经销
*

2017 年 10 月第　一　版　　开本：720 × 1000　1/16
2019 年 2 月第三次印刷　　印张：9 1/4
字数：192 000

定价：68.00 元
（如有印装质量问题，我社负责调换）

前　言

服务营销文献对顾客的传统角色提出了新的界定：顾客不再是"被动的听众"，而是"积极的生产者"。这是因为服务本身的特性决定了服务产出需要由服务组织与顾客合作完成。由于绝大多数的服务具有生产和消费同时发生的性质，所以顾客必须参与服务的生产和传递过程。然而，顾客参与对于服务绩效的影响究竟是好是坏？这对每一家希望通过提高顾客参与程度来增加绩效评价的企业而言，是一个在决策之前必须弄清楚的问题。

由于企业最初对顾客参与的需要来自于"合作生产"，所以每一个要求顾客参与的企业都对顾客在参与中应当执行的任务存有期望，他们通过设计服务蓝图向顾客传递在服务中的任务期望，使顾客与企业合作达成良好的服务绩效。然而，顾客作为参与任务的角色执行者，他们是否对服务参与程序有着正确的理解、是否具备了参与服务的知识和技能、是否愿意积极参与服务，都可能影响服务过程，进而影响服务质量和绩效水平。

顾客社会化研究旨在探索如何通过社会互动引导顾客了解或适应组织的活动或过程，以使顾客能够清楚地知道与"部分员工"相关的角色内容以及行为规范，从而提高服务绩效。本项目试图在现有为数不多的顾客社会化研究文献的基础上，借鉴和吸收来自任务管理、群体影响和组织社会化等理论的丰富观点和相关概念，以拓宽顾客社会化研究的理论基础，构建一个相对系统的理论框架。

本书是项目组在完成由徐岚主持的自然科学基金面上项目《顾客社会化研究：理论构建与实证检验》（项目号：71172208）的过程中所形成的部分研究成果的合集。书中包括五项具体的研究。研究一（对应为书中第二章）是关于顾客社会化过程的概念框架研究，为本项目的基础性和总纲性研究。研究一将顾客社会化内容相应地分解为顾客—任务层面、顾客—群体层面、顾客—组织层面的社会化策略和过程。研究二至研究五（见书中第三章至第六章）则根据研究一的成果，分别对上述三种不同的社会化过程进行深入的理论发展和实证研究，这四项研究均按照"策略—机制—成果"的路线来建立研究框架，以对顾客社会化策略的影响作用以及作用机制进行具体研究。

具体而言，本书共分为六章。第一章为诸论。该章在对服务中的顾客社会化现象和问题进行介绍的基础上，提出本书所开展研究的背景和意义。然后该章从顾客社会化的定义、与服务营销中其他相关概念的关系、顾客社会化的机制、作用后果、测量方法及实证研究结果等方面，较系统地回顾顾客社会化相关的文献，并对现有文献进行评述。

第二章介绍本书对顾客社会化的概念模型的构建过程。该章首先基于本书的研究目的对顾客社会化的概念进行清楚界定，然后使用扎根理论和方法来建立顾客社会化的概念模型。在对保险行业的消费者以及服务人员进行深度访谈的基础上，采用开放式编码、主轴编码、选择性编码，抽提 29 个主范畴，并用三个大的类别来概括主范畴之间的关系，即顾客社会化策略、顾客社会化后果以及顾客社会化影响因素，进而建立顾客社会化策略对社会化后果的影响过程的概念模型。

第三章展示一项与顾客任务社会化相关的研究。该研究以知识密集型服务行业为研究情境，这类行业的服务高度依赖于专业性知识，对顾客有高定制化的要求。在知识密集型服务业中，顾客扮演着"部分员工"的角色，往往需要通过自我服务或与员工合作的方式，来积极参与到服务价值的创造中。另外，知识密集型服务行业中存在大量需要顾客学习的知识类型。在该研究中，我们基于归类学习理论提出"基于规则的顾客社会化"和"基于情境的顾客社会化"两种顾客任务社会化策略，并引入服务知识类型，探讨知识密集型服务中顾客社会化对顾客任务承诺和满意度的影响机制。实验结果发现，在基于规则的顾客社会化策略下，提供编码知识比提供体现知识产生了更高的服务知识转移效率和效果；在基于情境的顾客社会化策略下，提供体现知识比提供编码知识产生更高的服务知识转移效率和效果。并且，较高的服务知识转移效率和效果能够产生更高的顾客任务承诺和满意度。

第四章展示一项与顾客群体化相关的研究。该研究关注于顾客样例展示这一群体社会化策略是否对消费者创造性具有促进作用。通过区分样例类型（独特样例与普通样例）和样例设计者来源（专家与普通消费者），采用两个实验，考察这两种因素对消费者创造性过程（问题界定和问题解决）以及对消费者创意新颖性的影响。结果表明，与普通样例相比，独特样例展示增强消费者创意的新颖性；并且，与专家来源的独特样例展示情况相比，展示普通消费者来源的独特样例会使消费者的创意具有更高新颖性。其原因是消费者展示的样例鼓励了其他消费者去识别更多有意义的、超出现有问题领域的新问题，并促使消费者在独特样例的启发下产生更多的远距离类比。

第五章展示一项与顾客组织化相关的研究。该研究探讨服务人员—顾客之间关系形成的社会化过程，检查服务人员对顾客的关系投资策略对顾客关系承诺的影响作用和机制。具体而言，该研究提出服务人员的关系专用性投资这一社会化策略通过影响顾客关系身份合理性，进而影响关系绩效的关系社会化过程。采用来自保险服务业的配对样本问卷调查研究，发现服务人员的关系专用知识积累和关系专用适应对顾客关系承诺的正面影响，是通过顾客感知的角色身份合理性和个人身份合理性两种中间机制实现的。

第六章将研究焦点从个体顾客转移到组织顾客，探究上游供应商和下游顾客在合作开发项目中的社会化过程。通过借鉴创新和组织间关系的理论，研究正式和非正式的组织社会化策略对合作开发绩效的影响，并将合作开发项目的创新特征（探索性项目与利用性项目）作为上述影响作用的边界条件。结果显示，正式的社会化策略在利用性创新项目中能够提高合作开发的绩效，而非正式的社会化策略在探索性创新项目中能够促进合作开发绩效。更进一步，该研究检查上述关系中的中介机制。研究发现，合作能够在正式社会化策略对于利用性创新项目中合作开发绩效的影响中起中介作用，而非正式化的社会化策略对于探索性创新项目中合作开发绩效影响的中介机制则是协作。基于这些结果，本研究为那些正在考虑在合作开发的背景下如何采用合适的社会化策略的经理人提供实际的指导。

综观全书，本书的主要特点和创新之处体现在以下方面。

第一，本书在系统回顾当前顾客社会化文献的基础上，利用扎根研究方法建立顾客社会化的概念模型。在该模型中，本书基于对消费者和服务人员的深度访谈内容，从顾客社会化策略内容中抽提出三个更高阶的顾客社会化策略范畴，即顾客任务社会化、顾客群体社会化和顾客组织社会化。三种顾客社会化策略内容虽然同时出现在企业社会化活动中，但在概念界定、认知焦点、社会化目标、核心内容和理论基础上存在着显著差异。本研究既为顾客社会化建立一个相对完整的概念框架，同时，也为进一步深入研究顾客社会化识别具体的研究方向。正是基于该质化研究，项目组围绕顾客任务社会化、群体社会化和组织社会化开展一系列后续研究，以从多个角度分析和探究顾客社会化在服务过程中的影响机制。

第二，本书聚焦知识密集型服务情境下顾客的任务参与行为，首次将归类学习理论应用到顾客社会化研究领域，从归类学习视角将顾客任务社会化策略分为基于规则的社会化策略和基于情境的社会化策略，并探讨两种策略对顾客任务学习效果及任务参与意愿的影响作用。该研究一方面结合知识密集型服务的情境特点，扩展顾客社会化策略的研究视角；另一方面将知识管理与顾客学习结合起来，探讨根据知识类型分类学习对顾客学习质量的影响，拓展知识管理理论的应用。

第三，本书以消费者参与企业创造性活动为情境，考察顾客之间的群体互动如何对顾客创造性产生影响。研究引用类比思维理论来探索和检查不同类型的样例（独特样例与普通样例）以及不同的样例来源（专家与普通消费者）如何对消费者的创意新颖性产生影响。与一般的常识推测不同，研究发现专家展示的样例的独特性越高，反而越会限制消费者的创造性；相反，消费者展示的独特性样例会提升顾客创造性。本研究一方面为顾客示范这一社会化策略对创造性的影响作用提供实证支持，丰富顾客社会化的研究成果；另一方面，也从问题界定（问题领域识别）和问题解决（远距离类比思维产生）的视角，为他人样例在某些条件下的抑制作用提供进一步的解释。

第四，本书探索服务接触过程中服务人员的关系投资这一顾客社会化策略是如何影响顾客在社会化活动中理解和接受关系的。该研究一方面通过引入关系专用性投资的概念，细化在人际关系中，关系专用性投资作为社会化策略的表现形式——关系专有知识积累和关系专有适应对顾客关系形成的影响作用。另一方面，在关系身份理论的基础上，该研究分析和厘清关系身份与关系专用性投资以及关系承诺之间的理论联系。研究发现顾客对角色身份及个人身份合理性的确认，促进关系承诺的形成，这也从实证角度支持社会化理论的观点。

第五，本书以上游供应商与下游组织顾客之间的合作开发项目为研究对象，检查上游供应商与下游组织顾客之间组成的合作开发项目团队中的社会化过程。该研究将利用性项目与探索性项目中的社会化过程进行区分，检查正式和非正式社会化在促进角色设定和组织间学习中的不同作用。研究一方面证实正式社会化策略在利用性项目中对合作开发绩效有积极影响，扩展组织情境中的顾客社会化研究；另一方面引入合作与协作两个概念，为社会化策略与合作开发绩效之间的中介机制提供理论解释。合作和协作两个概念不仅有助于区分正式和非正式社会化在合作开发中的作用，还解释导致不同特征项目的绩效发生变化的原因。

总之，基于来自相关的理论和文献研究，本书建立顾客社会化的概念模型，并在此基础上通过多个实证研究分别探索和检查具体顾客任务社会化、群体社会化和组织社会化策略对社会化后果的影响作用，进而探索这些影响作用的机制。研究发现丰富现有的服务营销和顾客社会化文献，为企业合理采用社会化策略引导顾客参与服务过程，以形成积极的绩效后果提供管理建议和指南。

目　　录

第一章 绪 论

第一节 研究背景及意义

一、问题的提出

随着服务经济时代的到来,许多企业从制造型企业向服务型企业转变(Fang et al.,2008)。与产品的生产和营销模式不同,服务需要生产和消费同时发生的特性使顾客必须作为"部分员工"(Mills and Morris,1986)参与服务的生产和传递过程,这意味着顾客提供的质量也部分地决定了最终的服务质量。由此带来的问题是,当服务质量问题可能由顾客原因导致时,服务组织该如何面对和解决?

大量的顾客参与研究支持了高质量的顾客参与活动对于企业绩效的正面作用。然而,顾客参与一定对企业绩效有正面作用吗?Chan等(2010)的研究指出,顾客参与对企业是一柄双刃剑,因为它在增加顾客所获得的收益的同时,也可能削弱员工的工作满意度。为什么顾客参与会削弱员工的工作满意度甚至绩效?一个重要的影响因素正是来自于顾客本身。当顾客不理解"参与什么"、"为什么要参与"以及"如何参与"时,就可能产生不适当的顾客参与活动,而这些不适当的顾客参与将增加员工的工作负荷和压力,不仅不会带来组织绩效提升,反而会对绩效产生负面影响。因此,对企业而言,重要的不仅仅是理解顾客作为"部分员工"的作用,还应当去探索如何引导顾客正确地参与到合作生产中,成为一个适合的部分员工。

顾客社会化(customer socialization)指顾客学习、了解或适应组织的活动或过程。通过该过程顾客能够清楚地知道与"部分员工"相关的角色内容以及行为规范(Kelley et al.,1990)。一些创新型企业开展了与顾客社会化有关的活动,如淘宝网站专门开设了"淘宝大学",让新顾客能够有目的地进行分类学习,以迅速成为网上交易的行家。招商银行设置大堂经理,帮助顾客在等待时事先填写好各类申请表格。可以看到,企业的顾客社会化策略能使顾客理解在服务过程中究竟应该持什么样的角色以及相关的角色规范才能获得更高的服务质量,增进了顾客作为"部分员工"的工作效率和效果,是一种有助于提高组织服务绩效的重要管理活动。

然而,与顾客社会化活动的重要性不符的是,学术界关于顾客社会化理论的研究还十分欠缺和薄弱（Groth，2005）。虽然有关顾客社会化的观点散见于很多学者的论著，但却少有关于顾客社会化理论的专门论述和系统分析，目前尚未能形成关于顾客社会化的系统的理论框架。

基于此，本书试图在现有顾客社会化文献基础上，从对顾客社会化的质化研究入手，构建顾客社会化过程的概念模型，并在此基础上分别对三种顾客社会化策略内容（顾客的任务社会化、群体社会化和组织社会化）对社会化后果的影响作用及其影响机制进行研究，以形成一个相对系统的顾客社会化理论框架，并通过实证研究为其提供经验支持。

二、研究的意义

本书研究的意义主要体现在以下两个方面。

在理论发展方面。首先，本项目的主题——顾客社会化研究是学术界的前沿问题，它是对当前服务研究领域中关于顾客参与的前向推进研究，即将研究视角从关注顾客参与活动向前延伸到关注影响顾客参与活动质量的前因上。因此，本项目有助于推动顾客参与研究及相关服务研究的发展。其次，本项目涉足于一个新的专项理论研究领域。鉴于目前在顾客社会化领域中的专题研究十分有限，本项目以企业的顾客社会化策略为线索，以企业、服务人员和顾客的社会化互动过程为核心展开研究，其研究结果将有助于形成顾客社会化研究的系统框架，推进和完善顾客社会化理论发展。

在实践意义方面。一方面顾客社会化研究将直接为企业的服务战略和服务过程管理活动提供指南与框架，有助于企业根据社会化内容和环境特征合理安排适宜的顾客社会化策略，加强对顾客心理过程的洞察能力，使企业能够与顾客合作生产和创造更好的服务质量与体验，提高服务生产效率。另一方面，顾客社会化研究有助于减少和化解因为顾客对自己的角色预期与服务组织或服务人员对顾客的角色预期不一致所引发的冲突，从而增加组织与个人之间及个人与个人之间交换的匹配程度，因此具有促进社会和谐、提高社会效率的社会意义。

第二节　顾客社会化研究国内外现状

一、顾客社会化的定义

社会化（socialization）的概念源自社会学领域，指的是个体从自然人向社会人的过渡，社会化既是个体获悉社会文化的过程，又是个体获得自我的过程。个体在社会生活中有众多的社会化过程，其中就包括进入不同组织时的组织社会化

（organizational socialization）和参与不同服务时的顾客社会化（customer socialization）。而服务营销领域的顾客社会化概念又来自于人力资源领域的组织社会化。

Schein（1967）将社会化的概念引入组织管理理论中，组织社会化被用来解释新员工（newcomer）适应（adapt）组织、融入（assimilate）组织的机制。组织、人力资源领域研究分别从不同角度对组织社会化这一概念做出了具体界定。广为接受的定义是：个体通过调整自己的工作态度、工作行为和价值观念来适应新组织的价值体系，认同组织目标和行为规范并有效融入组织的过程。

Parasuraman 等（1984）认为服务是一方为另一方提供的行为（deed）、表现（performance）、努力（effort），服务产出来自于服务的双方协同性的行为，这种交互行为具有"合同性质（contractual in nature）""代理关系（agency relationship）"。交易双方同时提供资源是服务成功的必要前提，如果顾客在服务交互中没有提供充足的信息和努力，就会产生更多的服务问题和服务失败。服务本身具有无形性、异质性、同时性、易逝性等特点，服务的交付也并不是金钱与具体服务间的直接交换。在服务生产和传递（service produce and delivery）过程中，顾客往往需要通过自我服务或与员工合作的方式，来积极参与到服务价值的创造中，服务过程与传统产品交换不同，顾客在服务过程中扮演着重要角色，服务、期望、投入都会跨越组织的边界进行转移。此外，Halbesleben 和 Burkley（2004）认为顾客与服务组织之间还存在心理契约，服务是服务组织通过提供产品或专业协助与顾客投入进行交换的交流过程，这个过程涉及双方的权利、责任和义务。作为顾客，应积极参与服务过程，并投入自己的体力、智力、信息等；作为组织，则应积极为顾客参与（customer participation）创造条件，并通过便利、个性化的服务回报顾客。顾客与服务组织共享服务负担并协同性进行服务交换（Fonner and Timmerman，2009）。尤其在复杂服务的生产传递过程中，顾客经常成为组织活动中的成员，就好像是员工一样，与组织进行共同生产（coproduction），通过传递信息、投入精力等形式为组织做出贡献。此时组织与顾客的边界（boundary）十分模糊，服务交换中的顾客称为"部分员工（partial employee）"或"暂时性员工（transient employee）"。这是人力资源的一种形式。鉴于"部分员工"等概念的提出，服务营销研究者引入组织理论中的组织社会化概念发展形成了顾客社会化概念。

顾客社会化的概念最早由 Mills 和 Morris（1986）提出。他们将组织社会化理论引入服务营销领域中，用来说明顾客作为部分员工，在与服务组织进行接触和互动的过程中学习自己应当承担的角色及其相关责任的过程。

服务营销领域的顾客社会化有着独特而丰富的含义。它与消费者社会化（consumer socialization）和组织社会化有重大区别。消费者社会化是营销领域的概念，它指的是知晓市场中广义消费者的行为规范，它不由具体组织驱动，也无法为具体的知识密集型服务提供指导。组织社会化指的是员工对企业的融入。但是服务顾客作为"部分员工"，与组织正式员工又有着重大区别："部分员工"不属于组织的奖惩升迁体制之内，"部分员工"会在服务完结之后撤离（withdrawal）。顾客与组织的交易更显得暂时性、片面化（Groth，2005）。

自 1986 年以来，不断有学者提出关于顾客社会化的定义，主要可以归为四种视角：组织视角、信息沟通视角、内容视角和顾客学习视角（各研究及主要观点如表 1-1 所示）。组织视角主要从组织的角度，将顾客类比为企业员工，考虑如何将顾客转变为组织中"合适的部分员工"而设计和执行的社会化活动与过程（Dong et al.，2008；Mills and Morris，1986）。信息沟通视角认为社会化是一种组织信息沟通活动，企业通过传达与任务相关的信息来引导顾客合作生产（Fonner and Timmerman，2009）。内容视角根据社会化的结果和内容来定义顾客社会化，强调社会化活动带给顾客的影响（Bettencourt et al.，2002；Kelley et al.，1990）。顾客学习视角则从顾客的角度来理解社会化过程，将社会化看作顾客主动了解企业和学习与消费任务相关的知识技能的过程（Groth，2005）。

表 1-1　顾客社会化的定义

研究视角	主要观点	作者
组织视角	顾客社会化指顾客作为"部分员工"，在与服务组织进行接触和互动的过程中学习自己应当承担的角色及其相关责任的过程	Mills 和 Morris（1986）
	顾客社会化指帮助顾客认识到其作为"部分员工"的角色，并且了解如何在服务遭遇中采取行动的一种机制	Dong 等（2008）
信息沟通视角	顾客社会化是顾客感知到组织提供的信息或者从组织那里收集的信息的程度	Fonner 和 Timmerman（2009）
	顾客社会化是一种告知顾客的方式，用于让顾客了解在有效的服务遭遇中所需要的活动和行为	Lengnick-Hall 等（2000）
内容视角	顾客社会化是组织用来管理个体顾客的一些机制或方式，通过社会化活动，顾客可以获得对某一组织价值观的认同，发展与该组织交易所必须具备的功能，并且理解该组织对他们的预期，还能与该组织员工和其他顾客相互交流获得知识	Kelley 等（1990）
	顾客社会化是用以建立关系规范和发展信任机会，管理服务关系中"下一步是什么"的预期，以及与关键客户沟通顾客责任行为的内容和重要性的重要组织活动	Bettencourt 等（2002）
顾客学习视角	顾客社会化是顾客学习诀窍的程度	Groth（2005）
	顾客社会化是顾客所发展的与某一特定服务遭遇相关的技能、知识和态度	Evans 等（2008）

虽然关于顾客社会化的定义，学者各持观点，但是这些定义中也有相似点，它们都强调顾客在与某一服务组织的社会互动过程中如何学习和成长为组织的"合适的部分员工"，以完成服务生产和传递活动。

二、服务营销领域中的顾客社会化研究

顾客社会化研究在以下和服务营销相关的四个研究领域中得到特别关注和强调，它们分别是顾客角色转变、服务设计、服务创新和消费者品牌社区。在这四个研究领域中，虽然关于顾客社会化的直接研究并不丰富，但是很多文献中都涉及或者提出了顾客社会化的观点。

1. 顾客角色转变与顾客社会化

有关顾客社会化重要性的讨论最初来源于顾客角色转变文献。在 Vargo 和 Lusch（2004）的经典论述中，顾客从过去的操作资源（operand resource）转变为经营资源（operant resource）。这意味着来自顾客方的资源投入和资源质量同企业自身的服务员工一样，显著地影响了服务质量和服务生产效率。Prahalad 和 Ramaswamy（2000）特别强调参与合作生产的顾客能力也应该被看作企业的一种竞争优势。

然而，在管理顾客角色方面存在两种意见。一种意见认为应该将顾客当作员工进行管理，如 Bowen 正式提出顾客是一种人力资源的命题，认为服务组织应将顾客作为一种准员工（quasi employees），并采用与正式员工相似的方式来管理他们在服务中的行为。另一种意见则认为，传统的绩效管理方法（如职位升迁、绩效奖罚）可以用于管理员工，但通常不能用于管理顾客（Mills and Morris，1986）。但是，当顾客需要承担部分的员工职能时，他们可能面对和员工相似的组织内互动过程，因此，组织对员工的社会化管理方法和经验可以被移植到服务领域中，用来管理顾客的社会学习过程。Halbesleben 和 Buckley（2004）指出新员工的社会化模型可能尤其适于探索顾客在作为服务任务的共同贡献者时所经历的角色学习过程。

2. 服务设计与顾客社会化

服务设计文献关注如何提高服务生产和传递的有效性。因此，将顾客社会化活动纳入服务设计中，使之成为改善服务过程和服务结果的有效工具成为很多学者关注的问题。Bowers 等（1990）提出通过一个三阶段的过程模型来进行服务设计，以增强顾客参与的有效性。这种服务设计包括：第一阶段，定义顾客的工作；第二阶段，培训顾客来执行其工作；第三阶段，通过奖励那些完成质量高的顾客，来保留有价值的服务顾客。Hyde 和 Davies（2004）认为服务需要根据顾客和服务员工的互动状态来进行重新设计，以具体的服务安排来帮助顾客清楚地理解合作生产过程，减少服务失败。

Bitner 等（2008）提出服务设计中面对的两个最大挑战：①服务是一种过程；

②服务是一种顾客体验。前者要求服务员工和顾客在过程中达成最佳匹配，后者要求顾客在服务中的心理参与。进行服务设计需要研究顾客社会化过程，这是因为顾客社会化过程有助于形成最佳匹配和产生顾客心理参与。因此，企业应该着眼于开发有利于推动顾客社会化过程的服务设计，比如，通过建立顾客与服务员工的互倚角色、转移服务创新知识等方式来促进顾客与服务员工的良性互动。

3. 服务创新与顾客社会化

服务创新文献的焦点之一在于提高顾客在服务组织中的价值贡献。Williams和 Anderson（2005）使用服务剧场模型，说明在服务创新活动中，顾客角色和服务员工的角色边界受到挑战；通过社会互动中的角色创新，如班上讨论的学生从听众角色转移到支持性演员的角色，再转变到主演角色，或者医院的患者从旁观者角色转变到帮助护士来安慰其他患者的角色，服务的整体价值能得到提升。

Prahalad 和 Ramaswamy（2000）认为，服务创新在很大程度上来自于顾客与企业的合作创造模式。Payne 等（2009）提出了顾客价值创造的过程模型。在该模型中，顾客的价值创造过程定义为顾客为了实现特定目标所执行的一系列活动。决定顾客价值创造能力的关键因素有两个：一是顾客能够支配的资源总量，二是顾客能够动员的资源总量。因此，为了更好地激励顾客创造价值，企业应重点做好两个方面的工作：一是增加顾客的资源总量（如增加顾客的信息、知识和技能）；二是通过影响顾客创造价值的过程（如顾客的动机），使顾客能更多地动员其资源。

可以看到，不论是角色创新还是顾客价值创造，其中都离不开顾客对组织的社会贡献（区别于顾客在交易上的经济贡献）。这种社会贡献需要顾客清楚地知道自己该做什么、如何去做，才能与组织产生协同作用。因此，顾客社会化活动（如使顾客对新角色达成心理准备、增强顾客的能力和动机等）旨在使顾客了解组织对自己的人力需要，并以此推进服务创新。

4. 消费者品牌社区与顾客社会化

近期新兴的大量关于消费者品牌社区研究的文献为顾客社会化提供了事例支持和论点基础。Nambisan 和 Baron（2007）在关于虚拟顾客环境（virtual customer environments）的研究中指出，顾客在虚拟环境中进行着大量社会化活动，这些活动涉及顾客同其他顾客分享与产品相关的各类信息和情感，以及解决其他顾客的产品使用问题。这不但极大地减轻了企业的服务压力，甚至产生了超出服务本身所能满足的群体情感收益。

Payne 等（2009）通过对城市汽车俱乐部的案例研究，发现消费者品牌社区通过一系列活动增强了顾客的品牌知识，并使顾客学习到如何与组织及其他顾客同伴建立良好的关系。

Merz 等（2009）认为，消费者品牌社区本身就是一种顾客社会化的过程。品牌社区的出现体现了品牌化运营从过去以产品主导的逻辑转向现在以服务主导的逻辑。具体而言，品牌从在过去作为一种功能和符号的形象，发展为作为一种知识、关系和承诺，再发展到作为一种动态和社会过程。在消费者品牌社区中，品牌联结了顾客之间的情感，并通过社区中的群体活动将顾客社会化为品牌顾客群体中的一个成员。

三、顾客社会化的机制

现有文献在顾客社会化机制方面的研究相对较少，可以归纳的机制主要包括：顾客沟通策略、角色准备、社会化阶段、顾客参与等。

1. 顾客沟通策略

服务沟通的困难性使顾客社会化以沟通策略的方式来影响组织绩效。Schank 和 Abelson（1977）的研究指出，服务剧本提供了一种顾客社会化的策略。成功的服务剧本是标准化服务体验的重要工具，它有助于管理消费者预期，使其与组织预期达成一致（Leidner，1993）。而失败的服务剧本往往使顾客和员工不能阅读共同的剧本，由此产生错误的沟通。Lengnick-Hall 等（2000）也认为，基于服务剧本描述的正式社会化方式能建立顾客的服务预期，有助于顾客形成关于服务的自我感知并获得关于顾客参与的预期知识。

2. 角色准备

Williams 和 Anderson（2005）的研究发现，角色创新使顾客更多地参与到服务活动和服务创新中。在该过程中，顾客对新角色的准备程度，以及员工为顾客新角色的准备程度都将影响服务创新的成效。

3. 社会化阶段

Payne 等（2009）总结了俱乐部用来引导顾客社会化活动的三阶段策略。在获得阶段，俱乐部通过传递俱乐部成员的工具和情感收益，将汽车所有者转换为汽车分享者。在稳定阶段，俱乐部提供了明确的服务指南，简化和明晰服务过程，帮助顾客了解如何从服务中获得最大化的成员价值，减少服务问题的数量。在增强阶段，俱乐部通过设计顾客互动程序，从顾客处收集建议意见，进一步改进服务过程，进行服务创新。

4. 顾客参与

在 Dong 等（2008）关于"服务补救中的顾客参与"的概念构建中发现，当服务补救过程中顾客参与的活动增加时，顾客更多地了解他们的角色和服务程序，增强了其能力和知识。这些社会化活动增加了他们对服务补救的正面评价以及对未来合作生产的意愿。

四、顾客社会化的作用后果

Kelley 等（1990）提出，顾客社会化结果可以分为行为和情感两种。也有学者将认知层面的内容也作为顾客社会化结果，如 Fonner 和 Timmerman（2009）。因此，下面从认知后果、情感后果和行为后果三个方面来总结现有文献。

1. 认知后果

Fonner 和 Timmerman（2009）提出顾客社会化产生了角色清晰。而角色清晰是顾客在合作生产中保证投入质量的前提。Lengnick-Hall（1996）认为，顾客社会化有助于推动顾客了解组织对他们的预期，增加顾客对如何执行角色的知识的了解。

2. 情感后果

情感后果包括对组织的情感和对服务过程本身的情感两个方面。

对组织的情感包括顾客感知的服务氛围、组织承诺和满意（Kelley et al.，1990）。在顾客社会化过程中，顾客参与了组织的意义领会活动，以了解组织规范、政策和程序。这种意义领会行为产生了顾客对组织服务氛围的感知。而顾客感知的服务氛围，进一步影响了顾客服务预期和后续的与服务相关的顾客行为。此外，顾客社会化使顾客学习到与其组织角色相关的任务，当他们了解到组织的任务结果与自己角色投入相关时，就增加了任务动机。并且，顾客通过社会化过程接受组织目标和价值观，可能产生更强的顾客承诺和顾客满意。

对服务过程本身的情感表现在顾客感知的服务体验上。Dubé（2003）提出，顾客满意不仅由对服务质量的认知预期决定，而且受到其在服务过程中所经历的情绪记忆的显著影响。顾客社会化过程增进了顾客在服务过程中与其他成员的良性互动，有助于形成愉快的顾客体验（Prahalad and Ramaswamy，2000）。

3. 行为后果

行为后果包括技术和功能层面的服务质量。顾客社会化过程增进了顾客对组织规范的了解，使顾客更好地了解与角色相关的规范预期，使顾客能提供更多的资源——提高技术质量，以及能更恰当地提供资源——提高功能质量。

Groth（2005）指出，顾客满意目标并不能产生顾客合作生产行为，而只有顾客社会化活动才能产生顾客合作生产。Gruen 等（2000）也提出组织成员的知识共享和组织的关系支持影响了情感承诺，进而影响到合作生产。Auh 等（2007）则认为社会化增加了成员之间的信息分享意愿，并且通过建立信任和管理预期，促进了合作生产。

Groth（2005）还认为，顾客社会化减少了服务失败和顾客流失，这是因为如果没有适当的社会化活动让顾客学会如何处理这些任务，企业将面临顾客在遭遇到服务失败后的挫折而流失的风险。Fonner 和 Timmerman（2009）认为，尤其对组织顾客而言，顾客社会化增加了顾客对企业的回报计划，它通过影响顾客认同而增加了组织顾客的回报行为。

五、顾客社会化的测量及相关实证研究结果

在现有文献中，有关顾客社会化的实证研究并不多见，并且，由于顾客社会化定义尚未完全达成一致，一些学者在研究中也尝试用其他概念来代替（如沟通、合作生产等）对顾客社会化概念的测量。将文献中可能代表顾客社会化内涵的概念及其测量整理为表 1-2。

表 1-2　顾客社会化概念测量及相关实证研究结论

作者	研究焦点	研究方法/样本数据/行业背景	与顾客社会化相关的研究结论	顾客社会化测量量表
Kelley 等（1992）	顾客主导的服务质量	调查法/385 个消费者样本/金融业	1. 顾客社会化对顾客感知的组织服务氛围有正面影响 2. 顾客社会化与顾客满意正相关	单维度，4 个项目
Groth（2005）	顾客公民行为	调查法/191 个消费者样本/网络服务	1. 顾客合作生产与顾客社会化的关系比它与顾客满意的关系更强 2. 顾客公民行为与顾客满意的关系比它与顾客社会化的关系更强	单维度，3 个项目
Lengnick-Hall 等（2000）	合作生产	调查法/127 个消费者样本/社区服务	1. 合作生产活动与顾客的服务生产投入之间存在正向关系 2. 合作生产活动与顾客感知的利益水平之间有正向关系	单维度，4 个项目
Auh 等（2007）	合作生产	调查法/1197 个消费者样本/金融咨询服务	员工与顾客之间的沟通与合作生产正相关	单维度，4 个项目
Nambisan 和 Baron（2007）	虚拟顾客环境中的互动行为	调查法/1155 个消费者样本/Microsoft 和 IBM 公司的在线论坛	1. 基于互动的顾客利益对顾客在虚拟顾客环境（VCE）中的产品支持参与活动有正面影响 2. 顾客的社区认同增强了社会整合利益与顾客参与活动之间的关系 3. 产品涉入度增强了学习利益、个人整合利益和享乐利益与顾客参与活动之间的关系	四个维度：学习的；社会整合的；个人整合的；享乐的

续表

作者	研究焦点	研究方法/样本数据/行业背景	与顾客社会化相关的研究结论	顾客社会化测量量表
Evans 等（2008）	顾客预期的社会化	实验法/76 对夫妇/保险服务	1. 相对于非社会化顾客而言,服务质量对社会化顾客的满意程度影响更大 2. 相对于非社会化顾客而言,服务质量对社会化顾客的信任程度影响更大 3. 相对于非社会化顾客而言,服务质量对社会化顾客的未来互动预期的影响更大	单维度,操纵"向顾客告知服务人员的预期"
Fonner 和 Timmerman（2009）	对新顾客的社会化	调查法/328 个消费者样本/服务业	1. 服务组织的社会化（策略）正面影响了顾客的角色清晰度 2. 服务组织的社会化（策略）影响了顾客对服务组织的认同、对服务质量的满意以及再惠顾计划	三个维度:现实服务预览;正式社会化;可见线索/模型
Köhler 等（2011）	新顾客的调适	调查法与二手数据结合/342 个消费者样本/银行业	1. 在线客服传达的功能性内容会对新顾客调适产生正面影响 2. 在线客服传达的社会性内容会对新顾客调适产生倒 U 形影响 3. 在线客服的前摄性互动对新顾客的调适产生正面影响 4. 在线客服的反应性互动对新顾客的调适产生负面影响 5. 新顾客调适增加了顾客的财务绩效	三个维度:自我效能、角色清晰、社会接受
Bello 等（2010）	适应	调查法/174 个组织样本/制造业占 65%,服务业占 35%	在低监督的情况下,国际营销联盟成员的适应活动与联盟绩效正相关	单维度,10 个项目
Gu 等（2010）	事后调适	访谈法和调查法/131 个组织样本/食品业	1. 相对规避损失动机而言,寻租动机（合作利益和预期利益）对分销商事后调适产生了更大的影响 2. 分销商同伴的参与越强,合作利益和预期利益对事后调适的影响增加 3. 分销商参与通过影响事前承诺和事后调适增加了其竞争优势	单维度,3 个项目

　　整体而言,现有文献中明确对顾客社会化概念进行界定和测量的文献主要有四篇。Kelley 等（1992）是最早对顾客社会化进行实证研究的学者,在其研究中顾客社会化的操作化概念包括对顾客对组织政策的了解程度、在组织的舒适程度、对价值观了解程度、与员工相处融洽程度进行测量。Groth（2005）借鉴 Kelley 等的量表,用其量表的前三个项目对顾客社会化进行测量。Evans 等（2008）将顾客社会化操作化为"向顾客告知服务人员的预期"。这些预期包括顾客的参与水平、顾客对服务人员的尊重、顾客的角色能力和顾客的关系导向。Fonner 和 Timmerman（2009）用三种顾客感知的信息方式来测量顾客社会化策略。这三种信息方式分别是：①现实服务预览（realistic service preview）,它测量了服务人员在交易前试图向顾客说明服务剧本和例证的活动；②正式社会化（formal socialization）,测量了服务组织为顾客提供信息反馈,培训和文件制度以及互动

咨询的活动；③可见线索/模型（visual cues/modeling），测量了服务过程中提供的可见的交易发生方式，如服务中可以观察到其他顾客行为。

还有一些学者采用了一些其他概念来代替对顾客社会化的测量。比如，Lengnick-Hall 等（2000）采用这四个项目来测量合作生产，即顾客对角色的了解、对组织规范和价值观的熟悉度、在组织中的舒适度、顾客与组织成员的关系。这四个因素反映了顾客社会化的程度，它们在测量上与前面学者用到的顾客社会化量表中的项目是十分相似的。Nambisan 和 Baron（2007）在其研究模型中用"基于互动的顾客利益（interaction-based customer benefits）"一词来说明顾客社会化的内容和结果。他们定义的与互动相关的顾客利益包括：学习的利益（如产品知识）、社会整合的利益（如社会关系）、个人整合的利益（如自我效能感）、享乐的利益（如正面情感）。Auh 等（2007）借用 Sharma 和 Patterson（1999）提出的沟通概念来测量顾客社会化过程。量表中的四个项目反映了顾客在沟通中所获得的与角色执行相关的信息丰富程度。

在最近的一篇论文中，Köhler 等（2011）采用新顾客调适（newcomer adjustion）概念研究在线代理服务人员与新顾客的社会互动过程。新顾客调适被定义为"新顾客或者当前顾客学习自己在服务接触中的角色和预期，获得掌握技能或能力的自信心，通过公司采纳顾客需求和关心顾客的活动感觉被服务组织中的其他成员接受和赏识的程度"。其定义与顾客社会化概念高度相似。此外，与顾客社会化相似的概念还包括在新近的两项 B2B 研究中，Gu 等（2010）提出的"事后调适（ex post Adaption）"以及 Bello 等（2010）提出的"适应（accommodation）"。

六、述评

整体而言，现有学者在顾客社会化研究领域已经进行了一系列开创性和基础性研究。可以看到，顾客社会化的概念从 1986 年提出以来，受到关注的程度一直与服务研究的发展密切相关。在 20 世纪 90 年代初，随着服务研究的兴起，顾客社会化的概念得到学者的垂青，并被认为是影响服务质量的重要因素（Kelley et al., 1992）。然而，在此后的相当一段时间内，服务研究因为受到部分学者关于"服务营销与产品营销是否存在本质差异"的质疑和争论而多有延搁，与此同期，顾客社会化概念也并未得到应有的重视（Groth, 2005）。

直到 2004 年，Vargo 和 Lusch（2004）提出营销逻辑应从产品主导转向服务主导的观点之后，大量的有关顾客参与、合作生产、合作创造的服务文献喷涌而出。这使顾客社会化的内容和重要性被重新界定，顾客社会化研究因而再次受到学者的关注。可以预见，随着营销逻辑的进一步转变，顾客社会化作为一种将顾客转变为"合适的部分员工"的重要服务管理战略活动，将在未来得到越来越多的管理者和研究者的重视与热议。

　　然而，与日渐增加的重要性不符的是，现有关于顾客社会化的研究文献仍然非常有限，因而为未来研究留下了一些研究缺口，主要体现在以下几个方面。

　　（1）关于顾客社会化的概念及内容仍然缺乏十分清楚和统一的界定。各学者对于顾客社会化概念的理解虽有交集但却并未形成一个一致的学术概念。对于"顾客社会化是什么，究竟包括哪些内容"等问题，在现有文献中仍然含糊不清。这使得顾客社会化一方面如空气般看不见摸不着，另一方面又像万金油一样可以作为解释所有顾客社会活动的机制而存在。此外，现有文献缺少顾客社会化的操作化定义以及相关量表的开发。虽然一些学者尝试开发了顾客社会化量表，但这些量表多数测量的只是顾客社会化活动的某一个方面，因而内容各异。因此，顾客社会化研究需要从概念的清楚界定入手，对顾客社会化活动的各项内容进行分类，并在此基础上发展顾客社会化的相关量表。

　　（2）现有关于顾客社会化的研究十分零散，缺少系统完整的理论框架。现有研究中，鲜有对顾客社会化进行的专项研究，而是根据各自的研究主题（如服务补救、消费者社区、顾客参与）来涉足顾客社会化活动中某一具体内容（如顾客对服务预期的理解、顾客对服务程序的学习、消费者社区中的顾客互动等）。这些文献为丰富和充实顾客社会化理论提供了重要的研究支持。然而，由于缺少对顾客社会化的专题研究，现有文献之间在顾客社会化主题上的可联系性较弱，而无法相互支持形成系统的理论；并且，由于缺少一致的研究基础，现有文献对顾客社会化理论的贡献仅限于零散的观点支持，而无法形成理论上的延展性和连续性，不利于顾客社会化理论的发展和继承。因此，顾客社会化研究领域需要吸引更多的学者从对服务过程及服务活动的研究转移到以顾客社会化为主题的专项研究上，鼓励学者以顾客社会化的某一特征（如顾客社会化的内容、发展阶段等）为线索，建构和发展系统的顾客社会化理论框架。

　　（3）现有关于顾客社会化研究的理论基础仍然十分有限。多数研究只是从员工社会化理论中借鉴概念和框架，虽然在一定程度上有助于从顾客与员工相似性的角度来研究顾客社会化，但却忽视了顾客社会化活动的特别性。因此，有关顾客社会化研究的理论基础还应该拓宽，我们需要站在大量的来自服务管理、群体管理以及消费者行为等文献提供的理论基础上，运用多学科的文献资料来发展和充实该理论。

　　（4）现有文献中缺少有关顾客社会化的经验研究和实证支持。如前所述，许多文献只是运用逻辑推演的方法，来说明顾客社会化的重要性和作用后果，只有为数不多的几篇论文对顾客社会化进行了实证研究。实证研究的缺乏使顾客社会化研究一直停留在抽象化的概念阐述阶段，难以形成能为企业管理者直接使用的营销方案和建议。因此，未来研究中亟须将理论发展与实证研究相结合，以推动顾客社会化研究得到实质性发展。

第三节 研究内容和研究方法

一、研究内容

本书在现有文献与理论的基础上，建构与发展了顾客社会化的概念框架，并对其进行实证研究。其重点在于清楚界定与顾客社会化活动过程相关的概念网络及其概念间关系，并在此基础上就具体的顾客社会化过程中的策略、内隐影响机制和作用后果进行研究，进而形成较为完善和系统的顾客社会化理论，为企业更好地设计和管理面向顾客的社会化过程提供理论支持与管理启示。

本书包括五项具体的研究内容，研究一（第二章）是关于顾客社会化过程的概念框架研究，为本项目的基础性和总纲性研究。其重心在于借助扎根技术，发展、界定、辨析与顾客社会化活动内容和过程相关的概念与概念间关系，以建立一个反映顾客社会化过程的概念框架。

根据研究一的成果，项目组成员从顾客在社会化过程中的三种不同的认知焦点——任务、群体和组织入手，将顾客社会化内容相应地分解为顾客—任务层面、顾客—群体层面、顾客—组织层面的社会化策略和过程。

研究二至研究五（第三章至第六章）则分别对上述三个子内容的社会化过程进行深入的理论发展和实证研究，因此，研究二至研究五是在研究一基础上的延展性和分支性研究。这四项研究均按照"策略—机制—成果"的路线来建立研究框架，以对顾客社会化的策略的影响作用以及作用机制进行具体研究。

其中，研究二（第三章）聚焦于顾客的任务社会化过程，检查两种顾客任务社会化策略（基于规则的和基于情境的）对顾客任务承诺和满意度的影响及其影响机制。

研究三（第四章）聚焦于顾客的群体社会化过程，检查其他顾客的样例展示这一群体社会化策略对消费者的创造性参与活动的影响及其影响机制。

研究四（第五章）聚焦于顾客的组织社会化过程，检查关系投资这一组织社会化策略对顾客承诺的影响及其影响机制。

研究五（第六章）将顾客从个体消费者扩展到组织顾客，聚焦面向组织顾客的社会化策略对组织顾客合作开发绩效的影响及其中间机制。

五项研究之间的关系如图 1-1 所示。

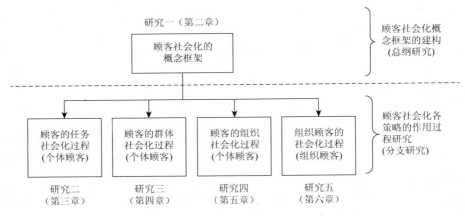

图 1-1　本书各研究之间的关系

二、研究方法

根据研究内容的不同，本书采用相应的研究方法展开研究，具体研究方法如下。

对于研究一的内容，为了发展顾客社会化的概念框架，主要采用扎根研究方法和程序。①在系统收集相关理论文献的基础上，拟定初步的访谈提纲，并采用一对一的深度访谈方法，收集顾客社会化的定性数据。②利用文本挖掘技术，采用开放式编码、主轴编码和选择性编码对收集的定性数据进行分析，从而获得对顾客社会化概念的全面理解和对顾客社会化概念框架的初步确认。③根据定性研究的结果，结合现有的社会化文献，分析提炼顾客社会化过程中的核心概念以及概念间的逻辑关系。

研究二和研究三均采用实验研究法对顾客的任务社会化和群体社会化过程进行研究。其中，研究二以心理咨询服务为研究情境，通过对社会化策略和知识特征进行实验操纵，测量顾客在不同实验条件下的任务承诺和顾客满意，并检查不同社会化策略与知识特征之间的匹配如何对顾客的任务承诺和满意度水平产生影响。

研究三以顾客参与企业新产品设计为研究情境，通过对创意样例的展示者（普通消费者与专家）以及创意样例的特征（独特样例与普通样例）进行实验操纵，测量顾客的创意新颖性水平，检查不同的他人展示策略与样例特征之间的匹配如何对顾客的创造性参与绩效产生影响。

研究四和研究五均采用调查研究法对个体顾客和组织顾客的组织社会化过程进行研究。其中，研究四对保险业消费者和服务人员的配对样本进行调查。首先通过向服务人员询问关系专业知识积累和关系专有适应的问题，再向其顾客调查有关顾客关系角色身份和个人身份合理性感知、关系承诺等内容，然后将服务人员和顾客的调查数据进行匹配，检查服务人员采用的关系专用性投资策略对顾客对与服务人员关系的承诺的影响作用。

研究五对上下游合作开发项目中的项目经理进行调查，采用焦点企业员工与合作企业员工的配对样本方式。首先邀请焦点企业的项目经理回答与社会化策略相关的问题，同时邀请焦点企业的高层管理人员回答与项目绩效相关的问题，再邀请合作企业的项目经理回答与合作和协作相关的问题。然后，采用结构方程模型检查社会化策略对不同类型合作项目的绩效的影响作用及其作用机制。

参 考 文 献

Auh S, Bell S J, McLeod C S, et al., 2007. Co-production and customer loyalty in financial services. Journal of retailing, 83 (3): 359-370.

Bello D C, Katsikeas C S, Robson M J, 2010. Does accommodating a self-serving partner in an international marketing alliance pay off? Journal of marketing, 74 (November): 77-93.

Bettencourt L A, Ostrom A L, Brown S W, et al., 2002. Client co-production in knowledge-intensive business services. California management review, 44 (4): 100-128.

Bitner M J, Ostrom A L, Morgan F N, 2008. Service blueprinting: a practical technique for service innovation. California management review, 50 (3): 66-94.

Bowers M R, Martin C L, Luker A, 1990. Trading places: employees as customers, customers as employees. Journal of services marketing, 4 (Spring): 55-69.

Chan K W, Yim C K (Bennett), Lam S S K, 2010. Is customer participation invalue creation a double-edged sword? evidence from professional financial services across cultures. Journal of marketing, 74 (May): 48-64.

Dong B, Evans K, Zou S, 2008. The effects of customer participation in co-created service recovery. Journal of the academy of marketing science, 36 (1): 123-137.

Dubé L, 2003. What's missing from patient-centered care? Marketing health services, 23 (Spring): 30-35.

Evans K R, Stan S, Murray L, 2008. The customer socialization paradox: the mixed effects of communicating customer role expectations. Journal of services marketing, 22 (3): 213-223.

Fang E, Palmatier R W, Steenkamp J-B E M, 2008. Effect of service transition strategies on firm value. Journal of marketing, 72 (September): 1-14.

Fonner K L, Timmerman C E, 2009. Organizational newc ust omers: applying organizational newcomer assimilation concepts to customer information seeking and service outcomes. Management communication quarterly, 23 (2): 244-271.

Groth M, 2005. Customers as good soldiers: examining citizenship behaviors in internet service deliveries. Journal of management, 31 (1): 7-27.

Gruen T W, Summers J O, Acito F, 2000. Relationship marketing activities, commitment, and membership behaviors in professional associations. Journal of marketing, 64 (July): 34-49.

Gu F F, Kim N, Tse D K, et al., 2010. Managing distributors' changing motivations over the course of a Joint sales program. Journal of marketing, 74 (September): 32-47.

Halbesleben J R B, Buckley M R, 2004. Managing customers as employees of the firm: new challenges for human resources management. Personnel review, 33: 351-372.

Hyde P, Davies H T O, 2004. Service design, culture and performance: collusion and co-production in health care. Human relations, 57 (11): 1407-1426.

Kelley S W, Donnelly J H, Skinner J S J, 1990. Customer participation in service production and delivery. Journal of retailing, 66 (3): 315-335.

Kelley S W, Skinner S J, Donnelly J H, 1992. Organizational socialization of service customers. Journal of business research, 25 (3): 197-214.

Köhler C F, Rohm A J, de Ruyter K, et al., 2011. Return on interactivity: the impact of online agents on newcomer adjustment. Journal of marketing, 75 (March): 93-108.

Leidner R, 1993. Fast food, fast talk: service work and the routinization of everyday life. Los Angeles, CA: University of California Press.

Lengnick-Hall C A, 1996. Customer contributions to quality: a different view of the customer-oriented firm. Academy of management review, 21 (3): 791-824.

Lengnick-Hall C A, Claycomb V, Inks L W, 2000. From recipient to contributor: examining customer roles and experienced outcomes. European journal of marketing, 34 (3/4): 359-383.

Merz M, He Y, Vargo S, 2009. The evolving brand logic: a service-dominant logic perspective. Journal of the academy of marketing science, 37 (3): 328-344.

Mills P K, Morris J H, 1986. Clients as "partial" employees of service organizations: role development in client participation. Academy of management review, 11 (4): 726-735.

Nambisan S, Baron R A, 2007. Interactions in virtual customer environments: implications for product support and customer relationship management. Journal of interactive marketing, 21 (2): 42-62.

Parasuraman A, Zeithaml V A, Berry L L, 1984. A conceqtual model of service quality and its implications for future research. Journal of marketing, 49 (4): 41-50.

Payne A, Storbacka K, Frow P, et al., 2009. Co-creating brands: diagnosing and designing the relationship experience. Journal of business research, 62 (3): 379-389.

Prahalad C K, Ramaswamy V, 2000. Co-opting customer competence. Harvard business review, 78 (1): 79-87.

Schank R C, Abelson R P, 1977. Scripts, plans, goals and understanding. New York: John Wiley and Sons.

Schein E H, 1967. Attitude change during management education. Administrative science quarterly 11: 601-628.

Sharma N, Patterson P G, 1999. The impact of communication effectiveness and service quality on relationship commitment in consumer, professional services. Journal of services marketing, 13 (July): 151-170.

Vargo S L, Lusch R F, 2004. Evolving to a new dominant logic for marketing. Journal of marketing, 68 (1): 1-17.

Williams J A, Anderson H H, 2005. Engaging customers in service creation: a theater perspective. The journal of services marketing, 19 (1): 13-23.

第二章　顾客社会化的概念模型

第一节　顾客社会化概念的界定

根据前面的文献综述，将顾客社会化初步概括为"顾客在与某一服务组织及相关人员（如服务人员、顾客同伴等）的社会互动中如何发展和成长为组织的'合适的部分员工'，以达成组织目标的过程"。上述关于顾客社会化的概念定义与Mills 和 Morris（1986）最初的定义一致，强调从组织视角来考察顾客的行为活动，以使其达到企业的要求。这也符合组织社会化理论的研究思路，即强调通过对组织成员的社会化来实现组织的绩效目标。

然而，上述定义过于笼统和抽象，主要表现在对于怎样成为"合适的部分员工"的社会化内容没有进行清楚界定。通过借鉴组织社会化的研究文献（Louis，1980；Van and Annelies，2000）和现有学者的相关定义，我们试图在研究中将顾客社会化的概念定义为"顾客在与某一服务组织及相关人员（如服务人员、顾客同伴等）的接触和社会互动中，了解自己的相关角色并接受执行该角色所需要的社会知识、行为预期、社会规范及价值观，使服务组织目标得以更好完成的过程"。

狭义来讲，顾客社会化可以理解为顾客教育，即企业向顾客告知与产品消费有关的基础知识和行为规范，以提高顾客的决策效率。广义而言，顾客社会化除了正式化的顾客教育，还包括非正式的以教育为目的的信息沟通活动，用于让顾客理解有效的服务过程所需要的活动和行为，并形成与某一特定的服务活动相关的消费预期、技能、体验和态度。相比传统的以知识说教为主的顾客教育模式，顾客社会化更加强调以顾客为中心的信息沟通，借助人际互动、有形展示和参与活动，以社会影响的方式对消费者产生教育作用。

顾客社会化的概念最初来源自组织行为中的员工社会化的概念，在现有的顾客社会化文献中，研究者一般都是从个体视角来研究顾客社会化。因此顾客社会化主要被理解为个体顾客与服务组织、服务人员或其他顾客的社会互动过程。然而，在 B2B 环境中，上下游企业之间也存在着制造（服务）商与顾客的关系。作为顾客（下游企业）的企业中的个人也需要与作为制造（服务）商（上游企业）的企业中的个人就服务内容进行沟通和互动。因此，在本书中，顾客社会化不仅包括零售环境中的个体顾客与服务组织或相关者之间的互动过程，也包括组织交易环境中，组织顾客（以及组织中的个体）与服务组织或相关者之间的互动过程。

从组织视角来观察和探索代表组织顾客的个体与代表服务商的个体进行社会互动的过程也是本研究的一个内容。

在顾客社会化概念界定中，我们特别强调顾客在社会化过程中必须进行的与角色有关的学习内容，包括角色定义、角色知识、角色预期、角色规范等。然而，顾客在社会化过程中究竟需要学习和理解哪些角色定义、获得哪些角色知识和预期、形成哪些角色规范，要回答这些问题需要对顾客社会化的内容结构进行解析。

第二节　顾客社会化概念模型的扎根研究

社会化活动的内容指组织中的个人在社会互动中应该学习什么样的具体内容才有助于调整自己，取得预期的社会化结果，尽快成为组织中合适的成员（Louis，1980）。关于顾客社会化活动内容的研究有助于厘清顾客社会化过程的内在结构，进一步发展顾客社会化理论，为根据顾客社会化活动内容开展后续研究提供依据。

然而，鉴于现有顾客社会化文献中鲜有学者对顾客社会化活动的内容进行分析，首先从组织社会化文献中建立理论基础，然后通过对现有营销文献的梳理来寻找相关支持构建顾客社会化过程的概念框架。

一、组织社会化文献回顾

组织社会化文献中，大量学者研究了员工社会化活动的内容。Louis（1980）将社会化内容区分为两个类型：①与任务角色相关的学习；②对组织文化的认同。Chao 等（1994）以美国企业员工为被试，通过因素分析研究发现员工组织社会化活动内容包括工作效率、人际关系、组织政治、语言、组织目标与价值观、组织历史等六个维度的内容。Taormina（2004）以中国内地、中国香港和新加坡三地员工为被试，通过实证研究认为员工的社会化活动内容包括四个维度：接受培训程度、组织理解程度、同事支持和未来期望。Chao 等（1994）的研究认为新员工社会化程度可以从组织政策、组织目标、人际关系、工作绩效以及文化语言五个维度的内容来衡量。

在上述文献中，我们更愿接受 Louis（1980）所提的社会化活动内容，一方面因为 Louis 研究较早，后来得到了大量学者的引用、验证和支持；另一方面因为该文献中员工社会化中的"员工"定义较为宽泛，部分内容也涵盖了将顾客作为"部分员工"的定义，与本研究中顾客社会化概念有较多的兼容性。

在 Louis（1980）所提的两因子的社会化内容结构（即关于任务角色学习的社会化内容和关于组织文化认同的社会化内容）基础上，我们试图借助扎根技术从对现实的观察中识别和发现顾客社会化的新内容。

二、扎根研究方法

尽管现有文献对顾客社会化这一议题的关注程度逐渐增加，但是从前述文献分析可以看到，当前文献虽然对与顾客社会化中的具体活动如顾客参与、顾客互动等进行了研究，但却较少对顾客社会化策略以及其对顾客社会化活动的影响机制进行研究。鉴于当前研究中相对较缺乏直接针对顾客社会化策略和机制的研究，在这种情况下，仅仅依赖文献研究和结构化问卷无法准确把握研究问题和框架，因此，本研究需要借助扎根理论对顾客社会化的内容及策略形式进行研究，以归纳理论脉络。

扎根理论由 Glaser 和 Strauss 两位学者于 1967 年共同提出和完善，在《扎根理论的发现》一书中，两位学者指出系统的质性分析拥有自己的逻辑，能够产生理论，并且提倡在基于数据的研究中发展理论，而不是从已有的理论中演绎要验证性的假设。扎根理论是一种自下而上的研究方法，它带着研究问题直接从实地调研着手，从原始资料中归纳、提炼概念与范畴，进而上升到理论，其核心是数据收集与分析过程同步进行，在资料与理论之间不断比较、归纳与修正，直至形成一个能够反映现象本质与意义的理论。尽管扎根理论在可靠性方面可能存在缺陷，但其在形成和发展理论方面发挥着创造、改进和反思的积极作用。

（一）资料收集

本研究选择保险行业的消费者和从业人员作为研究样本。选择保险行业的原因有两点。第一，保险行业是现代服务业中典型的代表性行业。改革开放 30 多年来，我国保险业已经快速成长为一个拥有 100 多家保险公司、200 余万从业人员的现代服务业支柱产业。保险业的保费收入年均增长超过 20%，是国民经济中发展最快的行业之一。第二，以顾客教育为目的的顾客社会化活动是保险行业重要的客户策略，对保险行业服务绩效影响显著。世界经济合作与发展组织（Organization for Economic Co-operation and Development，OECD）在对保险公司市场行为的研究报告中指出，顾客欠缺足够的保险产品知识是导致市场需求不足和消费者权益受损的重要原因[①]。为此，世界经济合作与发展组织专门设立顾客教育项目，倡导保险公司对消费者的金融保险知识进行教育。

本研究采用深度访谈法搜集研究数据。访谈提纲建立在相关文献的基础上，

---

① 资料来源：http://www.oecd.org/daf/financialmarketsinsuranceandpensions/financialeducation/theinsuranceindustryandfinancialeducation.htm。

访谈以半结构化问题形式进行，涉及受访者背景情况、受访者所参与的顾客社会化活动、受访者对顾客社会化活动的理解与评价、企业提供的影响顾客社会化参与的策略、参与社会化活动的经历和体验等内容。访谈对象共 71 人，包括 39 名保险消费者和 32 名保险公司从业人员。保险消费者受访人群中包括普通消费者和一些对企业有更深层次理解的重要的高价值客户，以从多角度挖掘不同类型顾客对顾客社会化活动的感受和看法。保险从业人员受访人群包括保险公司的一线服务人员和中高层管理人员。

深度访谈中，每人访谈时间为 20～50 分钟，研究者根据访谈者的回答进行不同程度的追问与互动。整个访谈过程均在被访者同意的前提下进行录音。访谈结束后，研究组将收集到的录音转为文本资料。

（二）研究编码

编码是搜集数据和形成解释这些数据的生成理论之间的关键环节。通过编码，可以定义数据中所发生的情况，并思考其意义。这些代码形成了初始理论的要素，可以解释数据，并指引接下来的数据搜集。本研究遵循逐级编码的技术程序进行概念和范畴的归纳与关系构建。具体如下。

（1）组建编码小组。为了避免编码者知识结构导致的对编码的主观偏差，研究组邀请两位管理学博士研究生组成编码小组，各自进行数据标签和编码工作。通过逐字逐句、逐个事件编码，力求达到扎根理论分析的两个标准：契合和相关。契合指使编码成为能够对研究对象的经验进行概括的类属范畴。相关指通过编码建立一种清晰的概念框架，在内在的过程和可见的结构之间建立联系，解释事物的本质。

（2）建立研究备忘录。在 Excel 表格中为每个样本建立一个备忘录，记录该样本的编码结果以及修改过程，并在研究情境中检查数据编码和分析中可能存在的漏洞。

（3）比较分析。将比较分析贯穿于编码的整个过程。比较过程包括在同一访谈中比较访谈记录和事件以及在不同访谈中比较记录与事件。已形成的概念和范畴对后面资料的编码具有指导作用，当发现新的概念和范畴时，便同已经得到的编码结果进行比较分析，有些甚至需要返回资料修正概念和范畴。这种螺旋式的比较分析能使归纳提炼的概念和范畴以及范畴间的关系不断趋向准确精细。

（4）理论饱和度检验。作为决定何时停止采样的鉴定标准，理论饱和度是指当收集的数据不再发展某一范畴特征、不再产生新的理论时，理论达到饱和。经验表明，深度访谈人数以 15～25 人为宜。鉴于此，本研究在消费者和保险人员各分析了 25 人以后，将剩余的访谈资料进行相同的三级编码和分析，并检验理论是否饱和。结果显示，模型中的概念范畴已足够丰富，未发现新内容，也未产生新关系。鉴于此，本模型在理论上达到饱和。

（三）范畴提炼与模型构建

1. 开放式编码

开放式编码将收集到的原始信息概念化和范畴化，是一个将资料"打破"、"揉碎"和"重新整合"的过程，旨在界定概念和发现范畴。据此，对访谈收集到的原始资料逐字逐句加以分析，尽量使用文本中的原话作为标签以从中发掘初始概念。

由于初始概念为数过多，层次较低，且存在交叉现象，因此，本研究组对其进行整理归纳，提炼出 87 个概念和 29 个范畴，为节省篇幅，每个范畴仅选取 1～3 条初始概念及其代表性原始语句（表 2-1）。

表 2-1 开放式编码形成的范畴

范畴	初始概念	原始资料例句
顾客需求	需求必要性	A11：觉得买保险很有必要
	需求真实性	A03：开始真正意识到保险的重要性
顾客购买意愿	购买可能性	A05：在条件允许的情况下，我会买（这种保险）
	购买意愿	A15：等孩子出生就买（这种保险）
顾客满意	顾客满意	A21：比我想得要好
	顾客惊喜	A08：（她）很令我感动
顾客承诺	关系承诺	A12：明年当然会续保
	情感承诺	A01：这家公司挺不错的，我还会在这里买（保险）产品
服务失败	过程失败	A17：（服务程序）早没告诉我，害我白跑一趟
	结果失败	A04：买这个（保险）上当了，（保险销售员）完全是骗人的
服务质量	功能质量	A05：理赔程序简洁方便
	技术质量	A03：保险人员业务素质高，有问必答
服务成本	人力成本	B03：每年我们投入大量人力在新员工服务技能提高上
	物质成本	B08：员工流失率高，造成大量资源消耗
合作创新	顾客创造性	B02：顾客建议增加新手培训课堂，我们做了，效果很好
顾客培训	课堂培训	A23：参加了公司举办的（保险）知识讲座，对产品有了更多认知，也弄清了哪些是自己的责任，有些是原来不知道的
	知识讲座	B12：客户俱乐部经常组织会员参加投资讲座，如黄金投资、收藏品投资
服务剧本预览	服务情境演练	B07：晨会上会安排员工进行情境模拟演练，提供各种常规和非常规问题的处理方案
	保险案例指南	B02：保险案例指南收集了日常业务实践中经常出现的问题，以典型案例故事的形式进行展示

续表

范畴	初始概念	原始资料例句
互动咨询	客户咨询	B04："智能客服"可以为顾客提供 7×24 小时全天候服务
	保险宣传周	B21：保险宣传周活动结合了保险公司、专业教育机构的力量，对保险知识进行普及和推广
	APP 客户端	B04：APP 以车险服务为主，提供车险一键续保、一键报案、自助查勘及业务咨询等相关服务
可见线索提供	保险费计算器	A11：APP 上有自动计算保险费率的计算器，很直观
	合同样表	A21：按照这些样表来填，简单方便，也不容易出错
群体促进	品牌社区	A05：我关注了官方微博，有一些知识分享和小调查挺好的，比如，我参与一些关于交通事故能否理赔的讨论
	兴趣俱乐部	A25：在移民讲座活动中，我结识了一些朋友，现在正在申请的（移民）计划的合伙人就是在那里认识的
	团购	A13：我参与了车友俱乐部组织的车险团购活动，他们（俱乐部）与公司有协议价。车友俱乐部里参加的人挺多，主要是省心
顾客示范	消费事件展示	A09：我会关注朋友圈中粘贴出来的保险产品信息
	顾客评论	A11：如果是用户对（保险公司）这个微博进行评论，我就会特别关注
同伴支持	同伴问询	A09：生完孩子后，我就在医院的妈妈群中让其他妈妈推荐她们给宝宝买的保险
	同伴求助	A18：一些人在（我的）评论中留言，让我帮忙分析他们的情况
绩效例证	典型绩效	B03：理财保险产品的绩效信息，会以多种形式（如宣传单、电话、微博、微信等）展示给消费者
	年报数据	B01：公司会将年报中的重要信息（如利润增长率、派息等）以简报形式提供给消费者
社会责任沟通	社会责任报告	B05：官网上提供了社会责任报告，记述了公司所履行的社会责任行为
	社会责任活动	B07：邀请一些客户参加我们的老年福利院关爱活动，也借此活动向客户宣传了年金保险方案
关系投资	私人关系建立	B16：客户只认我这个人，主要是源于对我个人的信任
	私人关系投资	B15：我参加了他（注：一位客户）的羽毛球群，经常和他的朋友一块儿打球吃饭，他的朋友也成了我的客户
组织身份具象化	企业关爱	B04：在客户生日当天，我们派出专门人员代表公司到客户单位送上生日礼物和祝福，客户一般都很惊喜和感动
	企业活动参与	B09：公司对每产生一张直通车险订单，会捐赠 2 元植树款，同时邀请客户一起去植树
顾客主动性	主动搜寻信息	A16：在不了解保险产品前，我不大会听保险销售人员的介绍。我会先自己去搜集（产品）相关信息，做出判断，然后再听（保险销售人员的）介绍
	主动交流	A09：我会要求向他们（保险人员）提各种问题，直到我觉得没有任何疑问
顾客积极构想	人际信任	A08：我还是相信这个世界上好人多，没有必要把这个世界想得那么黑暗
	助人意愿	A18：能帮忙就帮忙，成人之美也对自己有好处

续表

范畴	初始概念	原始资料例句
顾客适应性	适应规则	A23：在办理时要把所有材料备齐，缺少材料在窗口多说也无益
	自我调整	A03：意识到问题所在，就应当即时调整个人的观念和习惯
员工准备程度	问题准备	B17：我对客户可能提出的问题十分熟悉，知道客户心里的担忧是什么
	策略准备	B13：对客户的提问基本上能对答如流，这样才能显示专业性
员工商业友谊导向	友谊倾向	B21：我把客户看作朋友，这样工作起来没有违和感
	移情力	B13：我总是站在客户的立场上来想问题，设想这个情境换作是我会怎样
员工心理契约	关系型契约	B15：不论在公司内部怎么抱怨，一出公司门，立马将自己变成了公司形象代言人
员工—顾客相似性	员工—顾客相似性	B14：我会寻找与客户之间的共同点，比如是不是老乡，或者有没有住相同的小区，这样能很快拉近距离
组织机构灵活性	组织间合作	B09：公司与汽车 4S 店有合作，能简化理赔服务流程
	跨职能小组	B04：公司内部打通了服务流程，实行了"首问负责制"，针对一位客户提出的要求，由首次接待人负责回应到底
组织文化强度	强势文化	B01：我们公司有清楚的使命、价值观和愿景，在日常管理中会将这些内容不断通过培训、例会等方式灌输给我们的员工，最终员工会身体力行地将这些文化内容传递给消费者
组织服务氛围	爱心文化	B03：服务型公司里面应该保持一种亲人般的文化，只有这样才能传递对客户的爱和关心
	领导支持	B05：领导也是一种服务工作，如果下级员工有需要我帮助的地方，我会积极给予帮助，包括和他一起上门去拜访客户、帮助员工协调与其他人员的关系等
	员工互助	B03：员工之间会相互帮助，尤其是处在一个小组中的员工，彼此更加相互照应

注：A 为受访消费者；B 为受访保险从业人员。括号中文字为被访者在口语表达中省略的文字，研究者根据上下文的理解予以添加，以便于读者理解。

2. 主轴编码

主轴编码是通过对开放编码形成的范畴进行聚类分析，发现和建立范畴之间的各种联系，以形成更系统概括的范畴。主轴编码建立了围绕类属之"轴"的密集关系网，其目的是分类、综合和组织大量文本数据，在开放式编码后以新的方式重新排列它们。本研究在开放式编码形成的独立范畴的基础上，根据其内在联结与逻辑关系进行重新整合，最终形成 9 个主范畴。主轴编码形成的主范畴见表 2-2。

表 2-2　主轴编码形成的主范畴

类别	主范畴	对应范畴	范畴的内涵
顾客社会化后果	顾客购买	顾客需求	对保险产品有真实需求
		顾客购买意愿	顾客愿意购买保险产品的程度
	顾客态度	顾客满意	对保险的产品的绩效感知等于或高于预期
		顾客承诺	愿意持续与保险公司（或人员）建立关系
	服务绩效	服务失败	保险产品或在保险理赔过程中的表现未能达到消费者的要求，为消费者带来物质或情感上的损失感
		服务质量	服务过程及服务产品的表现
		服务成本	保险公司为顾客提供服务的人均花费
		合作创新	保险公司（或人员）与顾客共同参与保险产品或服务程序的创新活动
顾客社会化策略	顾客任务社会化	顾客培训	通过课程学习等正式化的方式来提高顾客知识和技能
		服务剧本预览	在交易前设计服务剧本并向顾客说明和展示服务剧本的活动
		互动咨询	通过面对面、邮件、电话、网络等多种方式向顾客的信息收集活动提供及时准确的反馈
		可见线索提供	借助有形化的服务线索，清楚地指引顾客按图索骥地完成任务
	顾客群体社会化	群体促进	促进消费者在群体中获得的正面体验，并将其作为服务品牌体验的一部分
		顾客示范	扩大榜样顾客在群体中的影响作用
		同伴支持	鼓励顾客向其他顾客同伴提供社会支持
	顾客组织社会化	绩效例证	向顾客展现公司经营和管理绩效的证据
		社会责任沟通	同顾客交流对于社会责任的认识和态度
		关系投资	建立与顾客的私人化的特定关系
		组织身份具象化	赋予抽象的组织身份以具体的内容和意义
顾客社会化影响因素	顾客因素	顾客主动性	顾客在购买决策或服务参与之前主动提前学习的行为特征
		顾客积极构想	顾客面对不确定人际环境时，形成的正面态度和正面的行为反应
		顾客适应性	顾客试图修改其行动程序和活动过程来适应企业的产品或服务的程度
	员工因素	员工准备程度	员工对顾客角色的理解以及配合顾客完成任务所需要的技能、信息和知识的准备程度
		员工商业友谊导向	员工愿意将与顾客的交易关系转变为商业友谊关系的认知

续表

类别	主范畴	对应范畴	范畴的内涵
顾客社会化影响因素	员工因素	员工心理契约	员工对自己在组织的奉献和应得的组织回报之间的关系界定
		员工—顾客相似性	员工与顾客在年龄、兴趣、个性、社会身份等方面的相似性
	组织因素	组织机构灵活性	组织内的各个部门以任务为导向进行整合为顾客提供灵活的服务
		组织文化强度	组织规范和价值观被现有组织成员广泛接受和强烈持有的程度
		组织服务氛围	组织中个体通过互动达成以服务任务为导向的和谐关系程度

3. 选择性编码

选择性编码又称为核心编码，是通过主范畴挖掘核心范畴，并把核心范畴和其他范畴联结起来分析其间关系的过程。核心编码把主轴编码形成的类属关系进一步具体化，开发出能够统领整个范畴的故事线来描绘整体行为现象。通过对主范畴的继续探究，并结合本研究意图，发现可以用三个大的类别来概括主范畴之间的关系，即顾客社会化策略、顾客社会化后果以及顾客社会化影响因素。进一步，本研究可以用顾客社会化影响过程来概括所有范畴之间的关系如图 2-1 所示。

三、模型阐释与研究发现

（一）顾客社会化活动的后果

1. 顾客社会化对顾客购买的影响

（1）顾客需求。顾客社会化活动有助于提高消费者对保险产品的需求水平。以顾客教育为主旨的社会化活动帮助消费者真正认识到保险服务的避险意义，形成了消费者对保险产品的正面态度，从而刺激了消费者的潜在需求转变为现实需求。

（2）顾客购买意愿。顾客社会化活动也增加了消费者对组织价值观和服务规范的了解程度，加深了顾客对保险公司的信任水平，促进了顾客对保险产品的购买意愿。

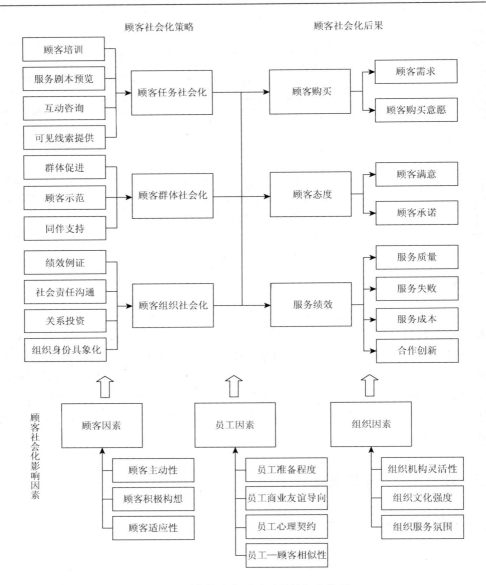

图 2-1　顾客社会化影响过程的概念模型

2. 顾客社会化对顾客态度的影响

（1）顾客满意。顾客社会化活动有助于改善顾客满意。顾客满意来自于顾客感知绩效与预期的比较（Walsh et al., 2008）。顾客社会化加强了消费者对保险合同中复杂条款的理解能力，避免顾客产生超出现实的预期，确保公司的服务承诺能够达到顾客的预期水平，增加了顾客满意度。

（2）顾客承诺。顾客社会化活动有助于增加顾客承诺。顾客承诺指消费者对关系持续维持的显性或者隐性的保证。顾客社会化增加了消费者对与服务组织互动关系的理解，有助于形成对关系中人际互动活动的稳定预期，使顾客对关系产生情感上的依附感（Auh et al.，2007）。

3. 顾客社会化对服务绩效的影响

（1）服务失败。顾客社会化活动有助于降低服务失败率。消费者在社会化过程中熟悉了保险服务程序，明确了自己在服务中应当履行的角色行为和责任，因而促进了顾客正确的参与行为，减少了员工工作负荷，减少了服务失败以及由此而来的顾客报怨。

（2）服务成本。顾客社会化活动有助于降低保险公司的服务成本。一方面，顾客社会化增加了顾客对保险产品的知识和技能，提高了顾客自我效能感，从而增加了顾客采用自助服务的能力和动机，降低了保险公司的人员服务成本；另一方面，顾客社会化还通过创造顾客分享知识的机会，促进有经验的老顾客向新顾客提供信息，降低保险公司的服务成本。

（3）服务质量。顾客社会化活动有助于监督和激励销售人员向顾客推荐真正适合的保险产品。随着在社会化过程中对相关产品知识和技能的掌握程度不断提高，顾客能够清楚地界定和沟通自己的保险需求，他们对具有职业素养的专家型销售人员的需求水平和鉴别能力得到提高。这使过去以佣金提成为导向却忽视顾客需求的业务人员逐渐被市场淘汰，使真正以顾客为导向的销售人员受到顾客的肯定和尊重。顾客决策能力的提高促使保险销售人员不断提高自身素质，改变工作作风，促进了保险业整体服务水平的提高。

（4）合作创新。顾客社会化活动提高了顾客对保险业务的理解程度，促使顾客结合自己所处的使用场景向保险公司提出服务创新的建议，比如，对保险产品的设计理念、保险营销的方式、保险服务的程序等提出新颖的见解，增加了顾客与保险公司共同创新保险业务的可能性。

（二）顾客社会化策略

顾客社会化旨在引导顾客理解和接受自己在服务过程中所需的角色规范与消费技能。在保险营销中，顾客在社会化活动中主要有三个接触层面：顾客—任务层面、顾客—群体层面和顾客—组织层面。不同的接触层面赋予了顾客特别的角色内容、相关规范及知识和技能要求。根据顾客在社会化活动中的不同接触层面，顾客社会化策略可分为任务社会化策略、群体社会化策略和组织社会化策略。三种顾客社会化策略分别着力于不同的社会化目标和内容。

1. 任务社会化策略

任务社会化策略旨在在服务任务完成的过程中，清晰地向顾客传递和沟通顾客应当承担的任务角色与责任，引导顾客学习和理解任务相关的知识与技能。保险业是知识密集型行业，保险产品的复杂性高，它要求客户具有商业、金融和法律等相关知识背景，才能理解保险条款并对保险产品的适用性做出合理评估。例如，车险投保人只有理解了为什么要在车辆损失险、商业第三者责任险中设立免赔率，才能清楚地认识到车险不计免赔责任险的特点以及利益点所在。任务社会化的目标在于保障顾客任务顺利完成，因此核心内容关注于任务目标的学习、调整和达成，强调顾客对任务角色的学习和认知。任务社会化的具体策略主要包括以下内容。

1）顾客培训

顾客培训指通过课程学习的方式来提高顾客知识和技能。作为一种正式的社会化策略，顾客培训强调有计划地针对不同类型的顾客提供特定的、专项的知识或技能课程，以提高顾客在保险产品购买和服务消费中的决策技能（Cooper-Thomas and Anderson，2002）。例如，开设针对单身高收入人群的保险知识课堂，帮助这一类型的顾客建立起对寿险、养老险、财产险和意外险等险种的认识，引导顾客学习如何根据自己目前以及未来收入的变化情况来综合考虑自己的保险计划。

2）服务剧本预览

服务剧本指一种预先确定的、原形化的活动顺序，用以界定一种便于清楚理解的情景。服务剧本使顾客和服务人员对于即将发生的服务活动有着共同的理解。复杂的服务剧本甚至还包括对服务危机事件的处理安排，这将有利于服务人员与顾客之间的相互理解（Mohr and Bitner，1991）。成功的服务剧本是标准化服务体验的重要工具，它有助于管理消费者预期，使其与组织预期达成一致。而失败的服务剧本往往使顾客和员工不能阅读共同的剧本，由此产生沟通的错误。

服务剧本预览指组织在交易前设计服务剧本并向顾客说明和展示服务剧本的活动（Schau et al.，2007）。保险公司可以将客户与公司进行接触的情景分解成若干剧本，设计剧本中的常规程序和服务用语，一方面指导员工根据剧本进行情境模拟演练，在演练中不断完善剧本内容，同时针对可能出现的非常规问题提供处理方案；另一方面，保险公司将成熟的服务剧本通过服务指南手册、服务规范标准等方式向顾客进行展示，帮助顾客熟悉公司的服务流程，引导顾客根据服务流程对公司的运作进行检查和评价，促使顾客建立起对服务质量的合理预期。

3）互动咨询

互动咨询指通过面对面、邮件、电话、网络等多种方式向顾客的信息收集活动提供及时准确的反馈（Yen et al.，2004）。互动咨询包括顾客发起和保险公司发起两种形式。对于顾客发起的咨询，互动策略集中于有针对性地提供顾客所需信息以及解决顾客问题，因而要求以互动效率为导向。而由保险公司发起的互动咨询则可以采用更加多样化的形式，如发起有关保险知识的有奖问答，开发介绍保险产品的桌面游戏，或者就与保险相关的社会事件展开讨论等。它主要以互动活动的趣味性和吸引力为重点，吸引顾客关注和参与。

4）可见线索提供

可见线索提供指借助服务标识、服务示范、现场参观、服务工具等有形化的服务线索，清楚地指引顾客按图索骥地完成任务。保险公司为顾客提供保险合同或理赔申请的填写样表，或者开发出能够自动计算保险费率的计算器，或者对保险条款中容易忽视的重要事项进行温馨提示等，都有助于顾客明确自己在服务过程中应执行的责任和行为。

2. 群体社会化策略

群体社会化策略指充分利用人际和群体影响来确保顾客在群体中正确执行其群体角色，以形成对群体和个人都有利的影响。保险顾客在选择、购买和消费保险产品的过程中，除了与保险业务人员接触，还会与其他顾客进行接触。事实表明，对保险产品而言，消费者群体中的口碑影响效力要显著高于产品广告和人员推销。因此，引导顾客在群体中做出对其他成员有利的行动，增加群体对顾客的正面影响作用，促进良好的群体消费体验，以及规避危机事件在群体中的快速扩散性和影响力，是群体社会化策略的关注目标。

由于群体社会化策略需要使顾客认知到自己在群体中的角色，因此其核心内容强调在研究群体特性的基础上引导顾客在群体中的作用。具体的策略包括以下三个方面。

1）群体促进

群体促进策略通过建立顾客与其他顾客的交流空间和平台，推动消费者从自发、散乱、无目的的参与活动转变为围绕品牌体验的自觉、有主题、有目的的群体组织活动，将消费者在顾客群体中获得的正面体验作为服务品牌体验的一部分（Hidalgo and Moreno，2009）。

品牌社区是群体促进策略的一种重要形式。在消费者品牌社区中，品牌联结了顾客之间的情感，并通过社区中的群体活动将顾客内化为品牌顾客群体中的一个成员。保险公司在品牌社区中可以围绕品牌体验开展有主题的观点分享活动，例如，面向初为父母的顾客发起"送给宝宝的出生礼物"观点征集活动，将保险产品体验与孩子的成长相联系，让参与的顾客在与其他相似顾客的经验分享中产生愉快的消费后评估体验，并将这种体验强化到对品牌的整体体验之中。

　　建立消费者兴趣俱乐部也是群体促进策略的方式之一。保险公司在俱乐部中组织具有相似兴趣和爱好的顾客共同参与某一活动，例如，组织车险顾客开展驾车自助游活动，增加顾客从群体中获得的社交价值和群体体验，从而使顾客建立起自己在俱乐部中的角色参与感，增加顾客与俱乐部的情感联系。

　　群体促进策略还体现在公司对消费者团购活动的组织上。保险产品具有较高的网络外部性，即购买同一险种的新顾客增加，将使得总体顾客群的收益增加。这种特点使保险营销需要考虑群体消费的属性，只有当消费保险产品的顾客达到一定基数后，保险顾客的收益才有保障。因此，保险公司可以将群体参与活动与团购相结合，通过组织消费者对某一保险产品的消费偏好、保费价格等进行调查和讨论，在此基础上动员消费者群体的影响力，对达到一定潜在消费者基数的产品实行优惠团购，并组织有团购意向的顾客向其他同伴发出邀请，将顾客参与团购活动的体验作为群体体验进行管理。

　　2）顾客示范

　　顾客示范策略强调寻找和识别优秀的榜样顾客，并且扩大榜样顾客在群体中的影响作用。榜样顾客是那些被其他顾客看作学习和模仿对象的顾客。这类顾客可能包括三种类型：①持有丰富的产品相关知识和技能的个体；②具有为社会所赞许的身份和地位的个体；③对具体产品有着深刻的亲身体验和思考的个体。

　　不是所有的榜样顾客都能在群体中发挥出对保险公司有利的正面影响。公司需要通过调查和数据分析寻找对公司产品具有正面体验的榜样顾客，进而鼓励这些榜样顾客主动去传播产品正面体验，增加他们在群体中的曝光率，并通过消费事件展示、购买评论、顾客对话等方式将榜样顾客树立成顾客群体中的意见领袖（Bonner et al.，2007）。

　　3）同伴支持

　　同伴支持计划指动员顾客向其他顾客同伴提供社会支持，鼓励消费者在群体中分享与产品相关的各类信息，帮助顾客同伴解决产品购买和使用中的问题。同伴支持策略的基础是需求互补。需求互补理论认为，群体中的需求互补水平越高，越能产生更多的成员相互吸引，从而形成更积极的群体活动动机以及亲社会行为。同伴支持策略通过促成群体成员相互理解各自的特点和角色，使他们能相互接受并做出调整，以执行不同的群体角色（Poteat et al.，2007）。例如，公司建立同伴分享奖励机制，不仅对助人的顾客给予物质和精神上的奖励，同时也对在群体内的求助者给予肯定和鼓励，以促使同伴间的互助和支持活动持续广泛地展开。

　　3. 组织社会化策略

　　组织社会化策略通过影响顾客对组织价值观进行理解、调适和认同，使顾客更好地融入组织和执行组织角色。Mills 和 Morris 认为，好顾客承担着与员工类似的执行组织角色的职责，即理解、传递并以自身行为来构建组织的社会形象。组织社会化策略的目标在于促进顾客建立关于组织身份的感知，使顾客接受和认同与组织身份相关的规范、文化和价值观。我国保险公司向顾客提供的保险产品同质性较高，因此，组织社会化策略是一种重要的增加公司品牌差异性的方法。它通过向顾客展示企业的价值理念和管理哲学，提高顾客对公司的认同感，吸引顾客在执行组织公民行为的过程中增强品牌体验，增加顾客与公司保持长期关系的意愿。组织社会化的具体策略包括以下几个方面。

1）绩效例证

绩效例证指企业将能够展现公司经营和管理绩效的证据进行收集与整理，以生动的案例或者客观数据对比的方式向顾客进行演示，使顾客形成对公司绩效的整体印象，促使顾客在日常生活交流中对公司的绩效进行正面有效的传播。由于多数投保人对保险公司的接触只局限于较少的环节，所以从接触中获得的公司印象往往是片面且带有主观偏见的，绩效例证使顾客可以较全面地了解公司，增加他们对公司的熟悉程度，也就增加了他们向身边的同事和朋友介绍公司情况的能力与意愿。

2）社会责任沟通

社会责任沟通指企业同顾客交流对于社会责任的认识和态度，力求与顾客在理解上达成一致，促进顾客对企业价值观的认同。社会责任沟通既包括以正式的文件、会议、新闻或声明向顾客传递公司的社会责任活动信息，如通过发布年度社会责任报告，在顾客心目中建立公司的社会责任形象；也包括以非正式的方式来影响消费者，如借助品牌社区网络来传播企业社会责任活动的轶事。汶川大地震之后，网络上盛传的对诸多大企业社会责任行为的民间评选影响了很多消费者对这些企业的认识。围绕着企业应当承担多少社会责任以及如何承担社会责任的讨论与交流也将促进公司和消费者在这一问题上达成共识（Ahearne et al.，2005）。

3）关系投资

关系投资指服务人员通过建立与顾客的私人化的特定关系，促进顾客对服务过程的理解（刘洪深等，2013）。这些私人化关系来源于服务人员对于顾客经历与过程的深入理解，如顾客对保险产品的了解程度、消费历史和对保险服务的态度等，以及在长期互动中与顾客建立起来的默契关系。通过私人化关系的建立，顾客将服务人员视作服务组织价值观的典型代表，将对服务人员的认同转化为对服务组织的认同，增加了个人与组织匹配度的感知。

4）组织身份具象化

顾客与组织的联系不仅与产品使用体验有关，也反映在顾客感知的组织身份上。强烈的组织身份感会使顾客对自己喜爱的组织有更高的情感承诺，也更愿意从事与组织规范和价值观相一致的行为（Homburg et al.，2009）。然而，多数顾客缺少清楚的组织身份感，即使对某些忠诚顾客而言，他们也只认为自己喜欢产品而并未感觉与提供产品的公司之间有任何联系，更谈不上会为自己是该公司的顾客感到骄傲。造成这种现象的原因之一，在于公司并未对顾客的组织身份进行有意识的培养，让顾客在产品消费过程中感知到组织身份的显著性和具体性，从而将对产品消费的美好体验与对组织身份的接受和认同相结合。组织身份具象化策略的目标是赋予抽象的组织身份以具体的内容和意义，并通过将其与具体的品牌标识、服务场景、群体活动等相结合，以强化顾客对组织身份的理解和接受。保险公司可以设计更多让顾客和公司共同参与的活动，例如，邀请顾客到公司总部参观、组织顾客共同参与公司的社会责任活动、制作体现组织标识的活动用品，使顾客将参与活动的体验与组织身份相联系，加深顾客对组织身份的认识。

（三）影响顾客社会化策略实施效果的主要因素

实施顾客社会化策略离不开顾客、员工与组织三者之间的互动，因此，需要关注不同的顾客、员工及组织特征对社会化过程的影响作用。

1. 顾客因素

（1）顾客主动性。顾客主动性反映了顾客在购买决策或服务参与之前主动发起、寻找收集与任务相关的信息和知识，以进行提前学习的行为特征（Prahalad and Ramaswamy，2004）。主动性顾客可能具有更高的任务动机或者任务责任感，又或者具有较强的信息需要或学习习惯，因此会更为关注企业的顾客社会化策略，对企业提供的任务信息给予认真理解和思考，增加了社会化策略的效果。但是，主动性高的顾客在社会化过程中往往会表现出较强的控制欲，由此干扰企业实施社会化策略的规划。

（2）顾客积极构想。顾客积极构想指顾客通过一种自我认知管理，建立对不确定人际环境的正面态度和正面的行为反应。积极构想的顾客更倾向于对其他顾客和员工的行为持正面态度，因而参与更多的群体社会化活动。当组织的社会化策略促进了群体和谐时，持积极构想的顾客会更倾向于通过群体活动来完成任务（Tae-Yeol et al.，2005）。

（3）顾客适应性。顾客适应性指顾客试图修改其行动程序和活动过程来适应企业的产品或服务的程度。顾客的适应性越强，表明顾客对于调整自我以适应组织要求的容忍度和参与度越高（David and Schmitt，2000）。因此，一旦高适应性顾客意识到企业采取的社会化策略有助于明确自己在组织中的角色定义，会更加主动地配合组织来进行文化调适，增加了顾客的组织社会化水平。

2. 员工因素

（1）员工准备程度。员工准备程度指员工对顾客角色的理解以及配合顾客完成任务所需要的技能、信息和知识的准备程度。员工对顾客社会化活动的准备程度越高，越能清楚地界定顾客的需求，越能准确地理解顾客和自己在任务中的作用（Kelley et al.，1992）。这有助于员工根据社会化策略和任务特征来有效引导顾客对其要参与的活动进行认知或者调适，并协助顾客更好地掌握活动所需的知识技能。

（2）员工商业友谊导向。商业友谊导向指员工愿意将与顾客的交易关系转变为商业友谊关系的认知。商业友谊导向的员工，更愿意移情和换位思考，也更能受到顾客的信任，进而对顾客产生更多的人际影响。员工商业友谊导向有助于在社会化过程中与顾客建立良好的关系，进而引导和帮助顾客正确理解他们和组织的关系，使顾客能更好地处理自己在任务、群体及组织中的角色，促进顾客社会化水平的提高。

（3）员工心理契约。员工心理契约是员工与组织之间的隐性契约，它反映了员工对自己在组织的奉献和应得的组织回报之间的关系界定（De Vos et al.，2003）。员工心理契约包括交易型契约和关系型契约两种。持有关系型心理契约的员工会自愿承担更多关于组织价值观和文化的传播角色，他们会更加深刻地领会组织采取社会化策略的意图，并以发自内心的真诚和激情，吸引顾客关注社会化活动，引导顾客理解组织价值观。

（4）员工—顾客相似性。员工与顾客在年龄、兴趣、个性、社会身份等方面的相似性越高，越能提高员工与顾客的沟通效率，增加顾客对员工观点或建议的接受程度，使顾客社会化策略的影响效果增强。

3. 组织因素

1）组织结构灵活性

灵活的组织结构往往要求组织内的各个部门以任务为导向进行整合，为顾客提供灵活的服务（Stewart and Barrick，2000）。当顾客遇到非常规问题时，灵活的组织结构能保障让最具有问题解决能力的部门和员工及时为顾客提供所需信息（Parker，2007）。比如，保险公司通过与各地汽车 4S 店、中介代理公司、交通信息服务平台等第三方进行联合，共建灵活的服务网络，以确保车险客户在异地出险时，不仅能迅速地为客户提供就近理赔服务，还能在客户需要救援服务时，及时地为其提供指导，从而增强了车险顾客处理临时性问题的能力。

2）组织文化强度

组织的文化强度指组织规范和价值观被现有组织成员广泛接受及强烈持有的

程度。强势的组织文化往往与一致的组织内行为相关，因此有助于使顾客更多接触到一致的组织规范和价值观，增加顾客对于组织文化和价值观的感知，有利于顾客清楚地理解和获得组织身份（Hyde and Davies，2004）。

然而，强文化可能不利于组织进行探索性学习，因为组织中强大的心理信念使组织自身难以识别其他先进的文化要素和进行文化调适。因此，当组织因为过于关注其强势文化，而忽视了消费者的观点和声音时，顾客会将组织的信息沟通活动理解为洗脑式的意识灌输，产生反感和抵制，此时组织文化成为顾客社会化活动的阻力。

3）组织服务氛围

组织服务氛围指组织中个体通过互动达成以服务任务为导向的和谐关系程度。良好的组织服务氛围有利于员工在工作中形成以顾客为导向的活动目标，使所有诚心为顾客提供所需知识和信息、协助引导顾客解决实际问题的员工在企业内部得到尊重，促进员工提供创新的顾客社会化策略和方案（Kelley et al.，1992）。

同时，良好的组织服务氛围也会使身处其间的顾客受到感染，使他们尊重和体贴服务员工，增加了顾客自愿配合服务组织进行合作生产、接受服务员工意见和建议以及在服务过程中建立和谐关系的程度。

四、研究结论

（一）讨论与结论

本研究借助扎根技术，通过对来自保险公司的消费者和从业人员的深度访谈内容进行分析，建立了顾客社会化过程的概念模型。该模型建立了顾客社会化策略与顾客社会化后果之间的理论联系，并且识别了可能影响该作用过程的一些因素。

首先，在顾客社会化策略方面，本研究根据访谈中提炼出来的顾客社会化策略的具体内容，抽提出三个更高阶的顾客社会化策略范畴，即顾客任务社会化、顾客群体社会化和顾客组织社会化。如表 2-3 所示，三种顾客社会化策略内容在概念定义、顾客认知焦点、社会化目标、核心内容属性和理论基础上均存在着显著差异。

表 2-3　顾客社会化的策略内容

内容维度	顾客的任务社会化	顾客的群体社会化	顾客的组织社会化
概念定义	顾客在面对服务任务的过程中，清晰地沟通、理解和建构自己与相关人员（如服务人员）在组织中的任务角色、学习应承担的技能、职责等方面的知识	顾客在面对服务接触群体（如服务人员、其他顾客同伴、顾客社区成员等）的过程中，获得对群体角色及规范的理解，做出对其他群体成员有利的行动	顾客在面对服务组织进行互动的过程中，理解或者影响组织的价值观、行为目标和关系规范，并调整自己行动，使之与组织相匹配

续表

内容维度	顾客的任务社会化	顾客的群体社会化	顾客的组织社会化
顾客认知焦点	任务中的角色以及相关角色职责和技能	群体中的角色以及基于群组身份的角色规范	组织中的角色以及基于组织身份的规范、文化、价值观
社会化目标	保障顾客任务的有效完成	充分利用人际和群体影响来确保顾客在群体中正确执行其群体角色，形成对群体和个人都有利的影响	通过影响顾客对组织价值观进行理解、调适和认同，使顾客更好地融入组织和执行组织角色
核心内容属性	任务掌握、责任习得、目标建立	群体规范习得、社会支持、群体体验	价值观习得、组织认同
理论基础	任务管理理论、社会认知理论	社会影响理论、群体参照理论	社会认同理论、心理契约理论

（1）三种策略内容具有不同的概念定义和研究范围，它们分别反映了顾客在社会化活动中的不同接触层面（即顾客—任务层面、顾客—群体层面、顾客—组织层面）所赋予的特别的角色内容和相关规范。

（2）三种策略内容分别反映了顾客在社会化过程中三种不同的认知焦点：任务社会化强调顾客对任务角色的学习和认知；群体社会化强调顾客对群体角色的学习和认知；组织社会化则强调顾客对组织角色的学习和认知。

（3）三种策略内容分别反映了组织在社会化过程中三种不同的社会化目标：任务社会化的目标在于保障顾客任务的顺利完成；群体社会化的目标在于确保群体中的顾客相互形成正面影响；组织社会化的目标在于使顾客融入组织身份。

（4）三种策略内容分别反映了不同的核心内容属性：任务社会化的核心内容在于任务目标的学习、调整和达成；群体社会化的核心内容在于群体中的社会支持与情感体验；组织社会化的核心内容在于组织认同与价值观发展。

（5）三种策略内容整合了与任务、群体和组织行为相关的文献作为其理论基础：其中任务社会化概念主要以任务管理理论、社会认知理论为基础；群体社会化概念主要以社会影响理论、群体参照理论等为基础；组织社会化概念主要以社会认同理论和心理契约理论为基础。

其次，本研究从顾客购买、顾客态度和服务绩效三个方面来概念化顾客社会化的后果，并建立了顾客社会化策略与顾客社会化后果之间的理论联系。与现有文献相似，本研究支持了顾客社会化活动在增加顾客需求水平、提高顾客购买意愿、增强顾客满意、加强顾客承诺、提升服务质量、减少服务失败、降低服务成本等方面的作用。本研究还发现顾客社会化不仅有助于合作生产，也有助于促进企业与顾客之间的合作创新。

最后，本研究识别了一些可能影响顾客社会化过程的影响因素，并将这些因素从顾客、员工和组织层面进行了分类，进而探讨了这些因素对社会化过程的影响方向。与顾客社会化过程中的重要的利益攸关者相一致，顾客因素、员工因素和组织因素分别反映了顾客社会化的三种驱动力量。对这些影响因素的概念化，有助于进一步探寻顾客社会化过程的运作机制，并为企业改进顾客社会化水平提供管理建议。

（二）局限与后续研究方向

然而，本研究也存在一些可能的缺陷，有待在后续研究中进行改进和补充。首先，作为质化研究，本研究虽然建立了顾客社会化策略的概念模型，但却并未对顾客社会化进行测量，因此，在后续研究中，需要分别针对不同的顾客社会化策略内容进行量化研究。其次，本研究只是建立了顾客社会化策略与顾客社会化后果之间关系的理论框架，但顾客社会化策略对后果影响的中介机制却无法在本研究进行深入检查，因此，在后续研究中，需要聚焦于某一具体的社会化策略，探讨和检查其对后果的影响机制。最后，本研究将保险行业作为一种服务业研究情境，虽然有助于概念的统一和聚焦，但是却使研究的外部效度受到局限，后续的顾客社会化研究需要建立在更多的服务行业的样本和情境之中，以扩大研究的价值。

参 考 文 献

刘洪深，黎建新，徐岚，等，2013. 顾客组织社会化对顾客满意影响的作用机制研究———基于双边数据的实证检验. 软科学，4：141-144.

Ahearne M，Bhattacharya C B，Gruen T，2005. Antecedents and consequences of customer-company identification：expanding therole of relationship marketing. Journal of applied psychology，90：574-585.

Auh S，Bell S J，McLeod C S，et al.，2007. Co-production and customer loyalty in financial services. Journal of retailing，83：359-370.

Bonner B L，Sillito S D，Baumann M R，2007. Collective estimation：accuracy，expertise，and extroversion as sources of intra-group influence. Organizational behavior & human decision processes，103：121-133.

Chao G T，Oleary A M，Howard S W，1994. Organizational socialization: its content and consequences. Journal of applied psychology，79：730-743.

Cooper-Thomas H，Anderson N，2002. Newcomer adjustment：the relationship between organizational socialization tactics，information acquisition and attitudes. Journal of occupational & organizational psychology，75：423-437.

David C，Schmitt N，2000. Interindividual differences in Intraindividual changes in proactivity during organizational entry：a latent growth modeling approach to understanding newcomer adaption. Journal of applied psychology，85：190-210.

De Vos A，Buyens D，Schalk R，2003. Psychological contract development during organizational socialization: adaptation to reality and the role of reciprocity. Journal of organizational behavior，24：537.

Hidalgo M C，Moreno P，2009. Organizational socialization of volunteers: the effect on their intention to remain. Journal of community psychology，37：594-601.

Homburg C，Wieseke J，Hoyer W D，2009. Social identity and the service-profit chain. Journal of marketing，73：38-54.

Hyde P，Davies H T O，2004. Service design，culture and performance：collusion and co-production in health care. Human relations，57：1407-1426.

Kelley S W，Skinner S J，Donnelly J H，1992. Organizational socialization of service customers. Journal of business research，25：197-214.

Louis M R，1980. Surprise and sense making：what newcomers experience in entering unfamiliar organizational settings. Administrative science quarterly：25.

Mills P K，Morris J H，1986. Clients as "partial" employees of service organizations：role development in client participation. Academy of management review，11：726-735.

Mohr L A，Bitner M J，1991. Mutual understanding between customers and employees in service encounters. Advances in consumer research，18：611-617.

Parker S K，2007. 'That is my job'：how employees' role orientation affects their job performance. Human relations，60：403-434.

Poteat V P，Espelage D L，Green Jr H D，2007. The socialization of dominance：peer group contextual effects on homophobic and dominance attitudes. Journal of personality & social psychology，92：1040-1050.

Prahalad C K，Ramaswamy V，2004. Co-creation experiences：the next practice in value creation. Journal of interactive marketing，18：5-14.

Schau H J，Dellande S，Gilly M C，2007. The impact of code switching on service encounters. Journal of retailing，83：65-78.

Stewart G L，Barrick M R，2000. Team structure and performance：assessing the mediating role of intrateam process and the moderating role of task type.The academy of management journal 43：135-148.

Tae-Yeol K，Cable D M，Sang-Pyo K，2005. Socialization tactics，employee proactivity，and person-organization fit. Journal of applied psychology，90：232-241.

Taormina R J，2004. Convergent validation of two measures of organizational socialization. International journal of human resource management，15：76-94.

Walsh G，Evanschitzky H，Wunderlich M，2008. Identification and analysis of moderator variables：investigating the customer satisfaction-loyalty link. European journal of marketing，42：977-1004.

Van V，Annelies E M，2000. Person-organization fit：the match between newcomers' and recruiters' preferences for organizational cultures. Personnel psychology，53（1）：113-149.

Yen H R，Gwinner K P，Su W，2004. The impact of customer participation and service expectation on locus attributions following service failure. International journal of service industry management，15：7-26.

第三章　顾客的任务社会化：基于归类学习的顾客社会化策略对任务承诺和满意度的影响

第一节　概　　述

20 世纪 90 年代以来，随着知识的爆炸性扩张，知识创新、知识交换已成为现代新型服务经济时代最重要的元素。以知识创新为标志、知识交换为基础的服务称为知识密集型服务（knowledge intensive business services，KIBS）（Miles et al.，1995），如研发服务、信息服务、市场服务、技术性服务、管理咨询服务、金融服务、法律服务、就业服务等服务形式。知识密集型服务是对传统服务业的发展和创新，日益成为服务业的主要组成部分。人们对于知识服务的强烈需求也逐渐突显。

但是，与一般服务不同，知识密集型服务高度依赖于专业性知识，对顾客有高定制化的要求。在知识密集型服务业中，顾客扮演着"部分员工"、"暂时性员工"的角色（Mills and Moberg，1982），往往需要通过自我服务或与员工合作的方式，来积极参与到服务价值的创造中。服务的复杂程度、定制化水平极大地影响着顾客参与服务的程度，而顾客参与程度将直接影响服务绩效（Mills and Morris，1986）及顾客满意度。知识密集型服务的特点决定了它对顾客参与有极高要求。顾客有在服务交换中提供信息和努力的责任，但缺乏对角色预期的清晰理解、参与服务所需的能力严重阻碍了顾客的有效参与。因此，服务组织需要帮助顾客学习这些知识。

已有很多文献研究顾客学习活动对顾客参与的影响。服务管理相关文献早就认识到组织的效率依赖于顾客参与服务传递，而学习知识和技能的动机与能力促进了顾客参与服务传递（Bitner et al.，1997）。现有研究顾客学习的文献运用了顾客教育、顾客社会化这两个概念。顾客教育和顾客社会化都可以帮助顾客获取服务所需知识。Sharma 和 Patterson（1999）指出顾客教育是员工告知顾客服务相关概念以及介绍他们向顾客推荐的服务产品的优缺点。顾客社会化则被视为一个改变顾客的技能、知识与态度的过程，通过顾客社会化来管理顾客确保他们完成服务生产和传递所要求的行为（汪涛等，2011；Kelley et al.，1992）。顾客社会化强调了以顾客为中心的信息沟通，借助人际互动、有形展示和参与活动，以社会影响的方式对消费者产生教育（徐岚等，2012）。而顾客教育则相对传统，强调了企业向顾客传授服务相关的信息和知识，这一过程中顾客的主动性相对较少。知识密集型服务业需要顾客掌握的知识专业程度较高，学习难度大，顾客教育方式过于枯燥，并不是有效的学习方式，因此本书采用顾客社会化这一概念。

现顾客社会化的研究大多从服务组织的角度出发（徐岚等，2013；Evans et al.，2008），考虑顾客社会化活动产生的组织后果，如 Evans 等（2008）研究了顾客社会化对服务质量评价的影响。而鲜有文献从知识学习视角来研究组织的顾客社会化策略及知识类型对顾客任务参与效果的影响。但对知识密集型服务业而言，顾客在服务中理解和掌握必要的知识对于其任务参与过程十分重要。

本研究基于知识学习视角，研究知识密集型服务行业的顾客社会化对顾客参与及满意度的影响。根据归类学习理论，将顾客社会化策略分为基于规则的顾客社会化和基于情境的顾客社会化策略，同时引入知识密集型服务交换中的关键变量——服务知识类型，探讨顾客社会化策略与服务知识如何搭配组合能够产生更高的服务知识转移效率和效果，以及这些知识转移的效率和效果对顾客任务承诺与满意度的影响。旨在为知识密集型服务业更有效地进行顾客社会化提供理论依据。

第二节　文　献　回　顾

一、知识密集型服务的内涵

知识密集型服务，有时也称专业服务，指的是显著依赖于特定领域的专业性知识，并以之为基础的中间产品或服务（Miles et al.，1995）。世界经济合作与发展组织（OECD）认为，知识密集型服务业就是那些技术及人力资本投入密度较高、附加值大的服务行业。知识密集型服务的生产和传递过程是知识的生产、传播、使用的过程，知识通过这个过程实现增值。知识密集型服务业包括传统的专业服务和以新技术为基础的知识密集型服务（Miles et al.，1995）。它的产品通常表现为技术方案、操作方法、解决方案、计算机软件、咨询报告、法律服务、会计和簿记以及对决策、行动、工作的判断和建议等。

知识密集型服务业务交易的基础是新知识，交易的结果是产品的、工艺的或交付方式的创新（Muller and Doloreux，2009）。在知识密集型服务生产和传递的互动过程中，服务提供者和顾客共同生产新知识，共同完成创新。知识密集型服务是激发普适知识（generic）、准普适知识（quasi-generic）和顾客的意会知识交融的催化剂（Muller and Zenker，2001）。

Miles 和 Boden 认为知识密集型服务企业的知识创造和知识服务传递的过程有三个阶段：①新知识获取（acquisition），指的是知识密集型服务企业在与客户的不断交流中获得与具体问题相关的各种服务知识，包括显性知识和隐性知识；②知识重组（recombination），指的是知识密集型服务企业将隐性知识显性化，并同自有知识相结合创造新的知识；③"模块化"知识服务（new interaction）指的是知识密集型服务企业将重组后的知识服务传递给顾客，并进一步为新的交流和合作提供可能。

　　知识密集型服务传输知识很大程度上依靠顾客的知识接受能力，这些能力可以方便沟通、减少服务提供者与顾客之间的不对称信息，从而提高互动程度。知识密集型服务还要求服务提供者具有知识基本传输能力、知识转换能力、知识的归纳和演绎能力以及知识的形态构建能力（Miles et al.，1995）。知识密集型服务组织具有员工高度专业化、高度依赖新技术、高知识密集的投入与产出、服务过程强、互动和创新能力强的特征。

　　一些学者在对知识密集型服务组织作定义时，认为知识密集型服务组织的服务对象一般是企业客户（Hipp and Bouncken，2009；Muller and Zenker，2001）。Kumar（2012）从人力资本的状况、知识服务创新能力两个角度把知识密集型服务组织界定为"员工教育水平、过程创新和产品创新高于服务业内平均水平"的企业。根据学界关于知识密集型服务外延的观点，知识密集型服务的核心应该主要包括以下三点：①知识是服务的重要投入；②服务高度依赖于专业能力和知识；③服务提供商和客户之间有高度的互动，为知识的扩散和新知识的产生提供可能性。

　　服务营销领域对知识密集型服务的研究，强调的是知识密集型服务交换中高水平的顾客互动水平以及服务交换要以特定的专业知识为基础的特征；而不强调交易对象属于公共群体、组织或个体顾客，交互方式是传统还是信息技术方式，服务人员的专业能力高低等因素。在本书中，可以把知识密集型服务理解为服务组织提供给顾客的以知识交换为核心的服务，这种服务需要顾客与组织共同生产，协同性地投入有效资源才能成功传递。

　　从知识密集型服务的内涵不难发现，知识密集型服务是高知识化、高定制化的复杂服务。知识密集型服务以任务和人员互动为导向，其服务对象可能是人，如健康服务；或者是无形的物体，如风险投资。越是复杂的服务、越是顾客严格要求（demanding）的服务越应该加强与顾客的互动，把顾客视为"部分"员工（Mills and Morris，1986）。Kelley 等（1992）认为越是复杂的服务顾客越容易受到组织氛围影响，有更强烈的参与动机并且对服务质量有更全面的感知。与顾客互动的需求越高则对顾客社会化要求也就越高。Hubbert（1995）界定了三种顾客参与水平：顾客在场（customer presence）、顾客有所投入（input）、顾客合作创造（cocreate）。知识密集型服务的交换需要顾客与组织的参与水平要达到较高程度。因而顾客必须拥有明确的角色预期、足够的参与动

机和服务相关能力。具体的服务必然要求顾客掌握不同的知识、技能和角色预
期，因而从组织的角度帮助顾客实现社会化是保证顾客有效参与和服务成功传
递的前提条件。

二、顾客社会化对顾客参与和顾客满意度的影响

顾客社会化研究的是人们怎样学习以成为更有效的消费者，Ward（1974）将
其定义为年轻人获得作为消费者所需要的技能、知识和态度的一个过程。现有关
于顾客社会化研究主要集中于孩子在童年和青少年期怎样被社会化，探讨影响孩
子产品和品牌态度的因素，如父母、广告、学校教育等（Chan，2006；Dotson and
Hystt，2005），但少有研究涉及组织对顾客社会化的影响。本书考虑了组织在顾
客社会化中的作用，将顾客社会化定义为组织帮助顾客建立对服务中角色任务的
理解、掌握服务传递所需的相关知识、技能的活动，是帮助顾客接受和适应组织
所要求的行为模式的一种过程（Mills and Morris，1986）。顾客社会化也可以看作
一种由组织引导的顾客学习必要知识的活动。通过这种学习使顾客认识到自己在
服务过程中应该做什么以及怎么做，使顾客有效地参与到服务活动（Ward，1974），
从而提高服务绩效（徐岚等，2012）。

顾客社会化对顾客和组织有着积极的影响。对顾客而言，顾客社会化能够
帮助顾客理解组织对他们的角色预期，提高顾客参与服务所需的知识和能力，
改善顾客参与服务的态度，为顾客参与服务提供动力（Kelley et al.，1992）；对
组织而言，顾客社会化可以帮助提升组织服务的效率和效果。因而顾客社会化
对顾客和组织来说是双赢的，顾客社会化使顾客对服务更满意，使组织拥有更
好的绩效。

大量关于顾客社会化的文献研究了顾客参与对服务绩效的影响。Hibbert 等
（2012）认为顾客在交互中扮演着资源整合的角色，因此顾客必须学习必要的技能
和知识，有效地进行资源整合，促进和创造价值。Mills 和 Morris（1986）研究表
明顾客社会化将降低服务成本，尤其是对于如保险等较复杂的服务。Eisingerich
和 Bell（2006）证明顾客学习活动提高了顾客参与服务传递的能力、加深了对服
务过程的理解，增进了与组织的关系，从而提升了顾客参与意愿和顾客忠诚度。
刘洪深等（2013）研究表明，顾客组织社会化通过增加员工满意，进而提升顾客
满意度。但也有文献得出了不同的结论，Evans 等（2008）研究了角色预期的交
流对处理和评价服务的影响，结果发现社会化的顾客更多依赖服务质量来进行评
价，经过社会化的顾客表现出更低的信任、满意度和未来参与意愿。

综上，顾客社会化对于顾客参与承诺以及满意度的影响机制还不十分清楚，
且现有研究并没有对顾客社会化的方式进行分类。本书将从任务社会化的视角出

发，在归类学习理论基础上对顾客社会化策略进行分类，探讨其与不同知识类型配合对知识转移的效率和效果、参与承诺以及满意度的影响。

三、归类学习理论

归类问题是认知心理学研究的主要问题，一直受到学者的关注，其研究目的就是探究人们如何学习和使用归类。归类学习理论通过实验研究了人们内在的归类学习系统（Markman and Ross，2003），它假设人们具有单一的归类系统，如原型理论和范例理论。原型理论认为人们在处理认知记忆时会依据信息的特征对信息进行归类，当个体遇到一个新的刺激时，会立刻找出新刺激的具体特征，然后在认知记忆中搜索特征的清单并把该刺激归类到该个体认为最相似的原型中（Ashby and Maddox，2005）。范例理论则认为个体会在存储的认知范例中提取并计算与刺激的相似之处，然后对此进行归类。

Ashby 和 Maddox（1992）多年从事于归类学习理论的研究，提出个体一般通过两种方法对新的信息和知识进行归类与学习——基于规则的分类学习（rule-based category learning）和基于信息整合的分类学习（information-integration category learning）。①基于规则的分类学习依靠明确定义的准则来对信息和知识进行归类与内化。如我们知道英语中"kn"在单词开头时发音都为"n"，那么我们在接触不认识的且开头的拼写为"kn"时都会把其发为"n"。②基于信息整合的分类学习指没有明确的准则来指导对信息和知识进行归类，个体需要持续的个例、情景来丰富并建立对这种刺激的认识，以达到极大准确性的学习。如 H7N9 的病毒传播机制目前还不清楚，有几例是依靠家禽传播，目前还没有依靠空气来传播的病例。因而我们目前主要采取避免食用市场上的家禽而非对人进行隔离的措施，如果有新的病例发现 H7N9 也可以通过空气来传播，那么我们就会重新建立认识并尽量减少外出。

归类学习探索了人们借助既定的规则或采用案例类比来理解和认识新知识的方式与过程。大部分关于归类学习的理论都涉及神经学知识。例如，Maddox 和 Ashby（2004）指出基于规则的归类主导语言学习，被大脑前额调控，他检验了反馈延迟及刺激抵消及时对基于规则和基与信息整合的归类学习的影响，预测数百毫秒的小的延迟反馈导致更好的信息整合学习。Worthy 等（2013）指出神经节和前额叶在归类学习中有着重要的角色，基于规则的学习涉及明确的前额活动，而基于信息整合的学习涉及隐含的纹状体活动。使用适当的任务策略会形成更多的工作记忆和更好的新语言的学习。但目前归类学习理论较少运用于认知心理学以外领域，且尚未有文献研究归类学习如何对服务中的顾客参与产生影响。

四、服务知识理论

现有知识管理文献对知识提出了不同的分类方式。Blumentritt 和 Johnston（1999）将知识分为：编码型知识（codified knowledge）、惯例知识（common knowledge）、社会知识（social knowledge）、体现型知识（embodied knowledge）。也有学者将知识分为：Know-what、Know-why、Know-how、Know-who。尽管存在不同的知识分类标签，但一些知识分类概念之间有着很大程度的相似性，比如，Know-what 与编码型知识，以及 Know-how 与体现型知识之间由于概念的相似性，在一些学者的研究中经常得以混用（Nonaka，1994；Nonaka，1991）。

在关于知识学习和转移的研究中，编码型知识和体现型知识是最常受到关注的两种知识类型（Madhavan，1998）。编码型知识指以编码的形式被储存在数据库中，可以随时得到并被重复利用的知识，一般是关于"是什么"的描述性知识。而体现型知识是指需要通过服务人员或掌握具体知识的专业人士与对象互动才能传递，需要提供个性化、定制化的服务来传递的知识，一般是关于"如何做"的指导性知识。与体现型知识相比，编码型知识更加明晰、正式、系统，更加易于共享、存储、调用和定价。而体现型知识不易于被完全理解，对体现型知识的理解也因人而异，它具有较强的主体依附性和背景根植性。在组织服务交换中可能同时存在体现型知识和编码型知识，对于两种不同类型的知识采用不同的顾客社会化策略学习预期会带来不同的知识转移效率和效果。表 3-1 为隐性知识和显性知识的差别。

表 3-1　隐性知识和显性知识的差别

隐性知识	显性知识
模拟量	数字量
不易察觉的	意识到了的
下意识或无意识的	规范表达的
基于体验的	编码的
难以定价的	可定价的
主观的	客观的
通过行为学习	通过培训、报告或课程学习
通过人际交流转移	文本化转移
洞察和领悟	推动和拉动
背景依赖的	去背景化的

第三节　研究假设提出

一、基于归类学习理论的顾客社会化策略

　　知识密集型服务以特定领域的专业知识为基础。然而顾客往往缺乏有效参与所要求的知识、能力和对角色预期的了解。为了成功生产和传递知识密集型服务，知识密集型服务组织需要进行顾客社会化相关活动。顾客社会化本质上是顾客接受和掌握新的服务知识的过程。传统的对顾客社会化策略的划分大多都从组织视角，将顾客社会化策略分为：组织内部来源/组织外部来源；与服务人员互动/不与服务人员互动；正式的顾客社会化/非正式的顾客社会化（汪涛等，2011）。顾客社会化从组织的角度看，是组织向顾客转移服务知识的过程；从顾客的角度来看，是顾客学习新知识的过程。我们把顾客在服务接触前和参与服务过程中接触的新知识视为顾客面临的刺激，这对顾客而言是一项新的学习任务（learning task）。

　　归类学习理论研究了人们学习新知识的方式，这种方式值得服务组织在向顾客传递知识时借鉴。由于知识有不同类型，不同类型的知识难易不同，而顾客不愿意花费太多时间和精力学习组织传递的知识，因此，组织需要针对知识类型采用不同的方法使顾客轻松有效地学习。归类是一种很有效的学习新知识的方式。基于 Ashby 和 Maddox（1992）在归类学习理论中提出的基于规则的分类学习和基于信息整合的分类学习，本书提出知识密集型企业在顾客服务中可以采用两种不同的顾客社会化策略向顾客传递服务知识，即基于规则的顾客社会化（rule-based customer socialization）策略和基于情境的顾客社会化（situation-based customer socialization）策略。

　　在本书中，基于规则的顾客社会化策略指服务组织为顾客提供一套标准和规范，让顾客在服务中面对任何可能出现的不确定性情境时都可以参考和依照这样的标准与规范解决问题。从顾客角度来看，基于规则的顾客社会化策略使顾客能够直接依据服务准则进行学习和内化。例如，保险公司可以通过陈述每一条具体的保险条例来普及保险知识。

　　在本书中，基于情境的顾客社会化策略指服务组织为顾客提供一系列具体的案例情境，以展现不同情境下组织或其他顾客的行动和反应。当顾客在服务生产和传递过程中遇到与这些案例部分相似的情境时，顾客能够依照对已有案例的理解和掌握形成可行的解决方案。从顾客角度来看，基于情境的顾客社会化策略帮助顾客在复杂的情境中通过获取各种信息来在整体上进行微妙判断。例如，保险公司可以通过向顾客展示各种保险理赔案例来增加顾客的保险知识。

二、顾客社会化策略与服务知识匹配对知识转移效率和效果的影响

是提供清楚的准则，还是展示具体的情境？是学习"是什么"的知识，还是学习"怎么做"的知识？这都会给顾客带来学习成本和知识掌握程度上的差异。效率和效果通常被用来衡量目标的达成结果，其中效率指完成固定水平的任务目标除以所花费的成本，效果指任务目标的完成程度。本研究采用效率和效果两种指标来衡量服务知识转移的成效。服务知识转移的效率指顾客在获取和掌握参与服务所需的知识、技能过程中的容易程度。高水平的服务知识转移效率意味着顾客以较小的成本（时间成本、心理成本等）掌握了一定水平的服务相关知识。服务知识转移的效果指顾客掌握参与服务所需知识、技能的程度。高水平的服务知识转移效果意味着顾客较好地掌握了服务相关知识。

当服务组织采用基于规则的顾客社会化策略时，顾客可以得到帮助理解和解决服务传递中可能出现的问题的指导性通用原则，顾客可以利用这些简化规则来学习和掌握服务传递中的新知识。Ashby和Maddox（2003）认为个体所掌握的基于规则的学习任务的算法在知识被明确表达的情况下能发挥最大的作用。然而，当刺激没有被个体清晰掌握，且经常随着情境变化时，基于规则的学习方式往往难以有效地帮助顾客完成学习任务。该观点表明分类学习方式的有效性可能取决于其所学习的知识类型和特点。换言之，基于分类学习的顾客社会化策略需要与运用该策略转移的知识特征相匹配，才能产生更好的知识转移绩效。

前已述及，编码知识是关于"是什么"的事实性知识，这类知识强调明确描述和清楚边界，易于与归类规则相结合。当对特定信息和知识的归类存在被明确定义与表达的准则、定义、原则时，个体可以利用这些准则、定义、原则对新知识进行计算、判断和归类（Maddox and Ashby，2004）。由于基于规则的顾客社会化策略提供了基于事实的去背景化的一般性描述，有助于顾客准确地利用这些一般性描述来概括现象，并快速构成类别化知识。因此基于规则的顾客社会化策略有助于顾客增进对编码知识的理解。

体现知识是关于"如何做"的指导性知识。与编码知识不同，体现知识关注的是"较有效"还是"较无效"。不仅实现"如何做"的途径有很多种，而且不同途径的效果往往取决于具体的使用情境（Ward，1974）。当组织采用基于规则的社会化策略时，由于只有通用性原则，没有任何具体情境下的案例可以参考，顾客较难准确预测和评估在原则应用过程中可能出现的问题，也难以清楚地思考如何针对具体情境来细化原则能产生更好的效果。据此，提出如下假设。

H1：相对于体现型知识，当服务中呈现编码型知识时，基于规则的社会化策略产生了更高的服务知识转移效率和效果。

基于情境的顾客社会化策略侧重为顾客提供多种参考案例、信息，向顾客展示信息和知识在不同情境下的复杂体现，使顾客逐渐丰富和形成对新知识的看法。Maddox 和 Ashby（2004）指出信息整合的学习是通过展示不同情境来完成学习任务的行为，通过获得在不同情境下的行为指导，而非对情境的共性描述，个体可以更好地完成信息整合的学习任务。

在基于情境的顾客社会化策略影响下，由于顾客难以对这些信息进行归类总结，也难以清楚界定边界形成准确的事实性描述，在这种情况下顾客学习编码知识的难度较大。但对于体现知识而言，基于情境的社会化策略提供了丰富的案例，顾客可以较容易地找出不同刺激的相同或相似之处并建立和丰富关于刺激的认知（Ashby and Maddox，2005，2003，1992；Maddox and Ashby，2004），形成整体上的判断。当遇到新的问题时，顾客可以联想到已有的案例来处理新问题、理解新知识，这有利于体现知识的学习。因此，提出以下假设。

H2：相对于编码型知识，当服务中呈现体现型知识时，基于情境的社会化策略产生了更高的服务知识转移效率和效果。

三、知识转移效果与效率对顾客任务承诺和顾客满意度的影响

任务承诺（task commitment）的概念属于对目标承诺的研究范畴。Meyer 和 Herscovith（2001）认为承诺是一种力量，约束个人与某一特定目标相关的行为。Flynn 和 Schaumberg（2012）认为情感性组织承诺是员工对雇主的情感和认同。在本书中，任务承诺被理解为顾客对任务目标的投入意愿和认同程度。高水平的任务承诺指个体认为任务完成的质量对自己很重要，低水平的任务承诺指个体认为任务完成质量对自己无关紧要。

在服务参与过程中，顾客被视为"暂时性员工"，服务的成功有赖于顾客对服务任务的有效投入，这种投入既包括信息、行为等，又包括一定水平的态度和情感（Mills and Morris，1986），这种态度和情感可以被视为任务承诺。当服务知识转移效率和效果较高时，一方面顾客参与服务的能力增强，另一方面也证明了组织的能力，增强了顾客对组织的信任，使顾客更愿意与组织合作。顾客具备了参与服务的能力及参与意愿，其任务参与承诺自然增强。

H3：服务知识转移效率和效果越高，顾客任务参与承诺越高。

顾客满意是营销领域的研究核心，以顾客为导向的共识本质上就是追求更高的顾客满意度。已有文献对顾客满意度做了大量的研究并达成了广泛的共识。顾客满意指的是顾客对具体产品和服务的整体评价合乎顾客预期（Diehl and Poynor，

2010）。当顾客以更有效率的方式掌握了更多的服务知识时，他们可以更好地参与服务，会做出更为理性的预期，从而更有利于实际服务质量和预期水平的吻合，达到更高的顾客满意度（Kelley et al.，1992）。

H4：服务知识转移效率和效果越高，顾客对服务的满意度越高。

第四节　研 究 方 法

一、实验设计

为了检验本书的研究假设，我们选取拖延症心理咨询作为一种知识密集型服务的研究情境。拖延症指的是拖延行为反复地、难以控制地出现，使个人产生了一系列的心理负担的现象。选取拖延症心理咨询作为本研究的研究情境，主要有两点原因。第一，拖延症心理咨询是一种典型的知识密集型服务，并且需要顾客高度参与，符合本研究的假设情境。心理咨询实际上是向顾客传递拖延症的相关知识，帮助顾客认识到日常生活、工作中的拖延行为的表现、原因，向顾客提供治疗拖延症的方法的服务过程。这一过程要求顾客具备基本的服务知识以参与和配合心理诊断及治疗过程，因而组织必须通过设计顾客社会化策略向其传递特定的服务知识。第二，由于本实验选择大学生作为被试，而拖延症在大学生群体中很常见[①]。因此实验场景符合被试的真实生活情境，本研究的结果有较高的效度。

实验的被试是武汉某高校的 240 名在校本科大学生，我们依据社会化策略（基于规则的顾客社会化/基于情境的顾客社会化）、服务知识特征（体现型知识/编码型知识）两个变量将被试随机分为 4 组，进行 2×2 组间实验。

首先，被试填写关于对拖延症的兴趣和了解程度的 5 分量表。其次，让 4 个实验组的被试阅读不同的材料以进行社会化策略和知识特征的操纵。材料是依据《踩死那只蟑螂：克服拖拉的 18 种方法》（刘祥亚，2005）编制的，从而保证了不同实验组提供的信息大致是相同的。在基于规则的顾客社会化和编码型知识结合组，我们向被试提供拖延症是什么、有何表现及其出现的原因的概括性描述和总体表现，例如，知道有些行为是不可取的却没法让自己停下来，知道有些行为必须好好做却不愿做。在基于规则的顾客社会化和体现型知识结合组，向被试提供关于如何治疗拖延症、怎样减少令人后悔的拖延行为的一般方法和治疗原则，例如，把任务分解为若干步骤。在基于情境的顾客社会化和编码型知识结合组，我们用日常生活工作中的一些具体表现向被试说明拖延症是什么，例如，这件事情

---

①据新华社 2011 年一项调查研究反映，"拖延症"在与知识打交道的人群中尤为普遍，高达 85%的在校大学生有"拖延症"及其倾向。

就是这一部分最难办，我试着先解决这一部分吧，哎呀，果然太难了，我做不到，算了还好没做，要不然又浪费时间了。在基于情境的顾客社会化和体现型知识结合组，我们提供一些参考案例，从案例中被试可以了解到如何治疗拖延症、怎样减少令人后悔的拖延行为，例如，过几天要考试了，我告诉自己，必须在考试前持续保持一种紧迫感，不要松懈，否则我将难以取得理想的成绩。操纵结束后测量服务知识转移效率和效果、任务承诺和满意度，并进行操纵检验。

二、测量

（1）服务知识转移效率和效果。本研究开发了测度服务知识转移效率（$a=0.94$）、服务知识转移效果（$a=0.92$）的测度量表。测量服务知识转移效率时让被试评价自己获取拖延症相关知识的难易、快慢，共有 3 项测量语句。代表语句例如，我认为自己容易地获取了拖延症的相关知识。测量服务知识转移效果时让被试回答获得的知识程度，共有 3 项语句。代表语句例如，通过阅读材料，我建立了对拖延症的认识。

（2）任务承诺。本研究将 Flynn 和 Schaumberg（2012）对承诺的测度量表进行改编，形成了我们的量表（$a=0.90$），通过询问被试对预防和治疗拖延症这一目标的投入意愿来测量任务承诺。量表共有 7 项语句。代表语句例如，我强烈认同积极预防和治疗拖延症这一目标，坦率而言；我不关心预防和治疗拖延症的活动。

（3）顾客满意度。采用 Diehl 和 Poynor（2010）对顾客满意度的量表（$a=0.94$）进行测量，共有 4 项语句。代表语句例如，整体而言，这是一次不错的服务体验。

以上所有测量均采用 5 点李克特量表进行测量，1 代表"非常不同意"，5 代表"非常同意"。

三、前测和操纵检验

首先，检验实验场景选取的合理性。我们检验了被试对拖延症的兴趣（$a=0.74$）和了解程度（$a=0.78$），方差分析发现被试对拖延症的兴趣在基于规则的顾客社会化组和基于情境的顾客社会化组之间没有显著差异（$M_{rule}=4.18$，$M_{situation}=4.22$；$F(1, 238)=0.38$，$p>0.5$）；对拖延症的了解程度在两组间也没有显著差异（$M_{rule}=2.08$，$M_{situation}=2.13$；$F(1, 238)=0.61$，$p>0.4$）。以知识类型分组，被试对拖延症的兴趣在编码型知识组和体现型知识组没有显著差异（$M_{what}=4.21$，$M_{how}=4.18$；$F(1, 238)=0.23$，$p>0.6$）；对拖延症的了解程度在两组也没有显著差异（$M_{what}=2.15$，$M_{how}=2.06$；$F(1, 238)=2.05$，$p>0.1$）。以上表明实验为随机化分组。

其次，进行操纵检验。实验结束前，我们已经询问了被试对社会化策略（a=0.96）、知识特征（a=0.94）的感知。接下来，进行数据分析。方差分析结果显示我们对知识特征的操纵成功，编码型知识组显著地认为知识是关于"是什么"的描述性知识，体现型知识组则显著地认为知识是关于"做什么"的指导性知识（M_{what}=3.98，M_{how}=1.89；F（1，238）=828.19，p＜0.001）；对顾客社会化策略的操纵也是成功的，基于规则的顾客社会化组与基于情境的顾客社会化组对社会化策略是基于规则还是基于案例情境的感知有显著的差异（M_{rule}=4.02，$M_{situation}$=1.80；F（1，238）=683.98，p＜0.001）。

四、结论

1. 顾客社会化对服务知识转移效率的作用

方差分析结果表明社会化策略（F（1，236）=0.93，p=0.337）和知识特征（F（1，236）=1.67，p=0.197）不会影响服务知识转移效率。然而，顾客社会化策略与知识类型的交互作用对知识转移效率有显著影响（F（1，236）=432.13，p＜0.001）。具体而言，为顾客提供编码型知识时，采用基于规则的顾客社会化策略所产生的服务知识转移效率（M=4.33）显著高于为顾客提供体现型知识时的知识转移效率（M=2.48）；而采用基于情境的顾客社会化策略时，传递编码型知识时服务知识转移效率（M=2.67）显著低于传递体现型知识时的转移效率（M=4.31）。结果为 H1 和 H2 提供了支持，表明当组织采取基于规则的顾客社会化策略时，与提供体现型知识相比，提供编码型知识能产生更高的服务知识转移效率；当组织采取基于情境的顾客社会化策略时，与提供编码型知识相比，提供体现型知识能产生更高的服务知识转移效率。详见图 3-1。

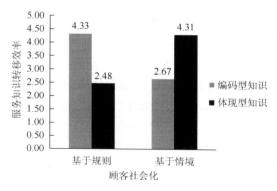

图 3-1　顾客社会化策略与服务知识类型对服务知识转移效率的影响

2. 顾客社会化对服务知识转移效果的作用

方差分析结果表明基于情境的顾客社会化策略（M=3.30）比基于规则的顾客社会化策略（M=3.14）产生了更好的知识转移效果（$F(1, 236)$=3.97，p<0.05），但知识特征对知识转移效果无影响（$F(1, 236)$=1.22，p=0.27）。并且，顾客社会化与知识类型的交互作用对知识转移效果存在显著影响（$F(1, 236)$=418.38，p<0.001）。具体而言，为顾客提供编码型知识时，采用基于规则的顾客社会化策略时的服务知识转移效果（M=4.02）显著高于为顾客提供体现型知识时的服务知识转移效果（M=2.26）；而采用基于情境的顾客社会化策略时，传递编码型知识时的服务知识转移效果（M=2.51）显著低于传递体现型知识时的服务知识转移效果（M=4.09）。结果支持了 H1 和 H2，表明采用与顾客服务知识类型相匹配的顾客社会化策略能产生更好的服务知识转移效果。详见图 3-2。

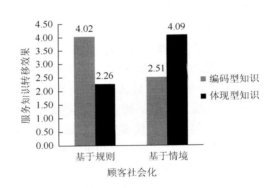

图 3-2　顾客社会化策略与服务知识类型对服务知识转移效果的影响

3. 知识转移效率和效果分别对任务承诺与顾客满意度的影响作用

先采用简单回归来验证知识转移效率和效果对任务承诺与顾客满意度的影响。回归分析结果显示，知识转移效率对任务承诺（β=0.18，p<0.01）和顾客满意度（β=0.141，p=0.022）有显著影响；知识转移效果对任务承诺（β=0.184，p<0.01）和顾客满意度（β=0.144，p=0.023）亦有显著影响。证明了 H3 和 H4。

另外，运用 Hayes（2012）提出的 process 有中介的调节分析模型检验转移效率在顾客社会化策略和知识类型对任务参与承诺的交互作用中的中介，结果显示，95%置信区间不包含 0（LLCI=0.3901，ULCI=1.4575），说明顾客社会化策略和知识类型对任务承诺的交互作用被知识转移效率中介。检验转移效果对任务承诺的中介作用时，结果显示 95%置信区间不包含 0（LLCI=0.3388，

ULCI=1.3542），说明顾客社会化策略和知识类型对任务承诺的交互作用被知识转移效果中介。结果也证明了顾客社会化策略和知识类型对满意度的交互作用被知识转移效率（LLCI=0.4242，ULCI=1.8329）、效果（LLCI=0.4350，ULCI=1.7205）分别中介。

此外，process 结果再次验证了 H3 和 H4。结果显示服务知识转移效率对任务参与承诺的影响为 0.26，95%的 bootstrap 置信区间不包含 0（LLCI=0.0987，ULCI=0.4244），说明服务知识转移效率对任务承诺有正向影响；服务知识转移效果对任务参与承诺的影响为 0.25，95%的 bootstrap 置信区间不包含 0（LLCI=0.0847，ULCI=0.4195），说明服务知识转移效果对任务承诺有正向影响，H3 得证。服务知识转移效率对满意度的影响为 0.31（LLCI=0.1123，ULCI=0.5156），服务知识转移效果对满意度的影响为 0.31（LLCI=0.1061，ULCI=0.5203），说明服务知识转移效率、效果对满意度有正向影响，H4 得证。

第五节　讨论与总结

一、研究结论与理论贡献

第一，本研究对顾客社会化策略的研究做出了贡献。过去关于顾客社会化的文献主要采用认知发展模型和社会学习模型（Chan，2006），研究各种顾客社会化代理（如学校、父母、电视广告、网络等）对未成年的消费态度及产品和品牌态度的影响，较少涉及组织在社会化中的作用，也没有将顾客社会化进行分类并讨论不同方式对顾客社会化效果的影响。本研究首次将归类学习理论应用到顾客社会化研究领域，对其进行分类。

第二，本研究以面向顾客的知识转移活动为研究对象，在现有知识分类的基础上，进一步发现知识类型与顾客社会化策略相匹配有助于提升知识转移的效率和效果。大量关于知识管理的文献研究了知识管理对企业创新、绩效、竞争优势等的影响，但少有文献将知识管理与顾客学习结合起来。本书将两者结合起来探讨根据知识类型分类学习对顾客学习质量的影响，拓展了知识管理理论的应用。现有关于知识转移方式的文献有很多，但这些知识转移方式大多不能得到即时反馈。顾客社会化策略是在组织与顾客的互动过程中进行知识转移，这种转移方式沟通更便利，效果更好。

第三，本研究主要聚焦于知识密集型服务情境下的任务参与行为以及社会化的作用。已有关于顾客参与的文献，其情境往往发生在一些对顾客知识以及能力的要求较低的非知识密集型服务中，主要关注如何通过影响顾客对组织的认同来促进顾客的参与意愿。本书则关注知识密集型服务，针对其特有的高知识要求，研究如何更好地帮助顾客学习以促进知识密集型服务中的顾客参与，从而丰富了顾客参与的研究情境。

第四，过去关于服务顾客满意的研究，主要强调服务交互中的员工情感或态度对顾客满意度的影响。本研究从知识传递和学习角度，关注知识密集型服务领域中，知识转移效率和效果对顾客满意度的影响。这为知识密集型服务业提升顾客满意度提供了新的研究视角。

二、管理启示

本书的研究结论还可以给知识密集型服务行业的从业人员一些启示。

首先，知识密集型服务行业的从业人员要认识到顾客社会化的重要性。顾客社会化活动不仅是知识密集型服务成功进行和传递的前提，还同时影响着顾客任务承诺和满意度。如何与顾客进行高质量的互动是知识密集型组织的重要创新机制。由于顾客缺乏服务成功传递所需的角色知识和技能，只有对顾客进行社会化活动，帮助顾客建立对角色的理解并获取相关知识，才能使顾客投入有效的资源（包括信息和行为）高水平参与到服务生产和交换中，帮助组织达到更高的服务绩效。

其次，针对不同类型的服务知识，知识密集型服务组织可以采取不同的方式传递。服务组织应该清楚要取得更高的服务知识转移效率和效果，必须将知识类型与社会化策略合理搭配，在基于规则的顾客社会化策略时向顾客提供编码型知识，在基于情境的顾客社会化策略时向顾客提供体现型知识。

三、局限与未来研究

本书的研究从知识密集型服务交换的特征出发，从组织与顾客交互的视角引入心理学的归类学习理论重新对顾客社会化策略进行划分，并探索性地引入了一些情境因素，即服务知识类型，发现顾客社会化需要在不同情境因素下会对顾客任务承诺和满意度产生不同的影响。虽然我们发现了诸多有趣的结论，但是本研究还是在以下几个方面存在缺陷，这都需要后续的研究对这些问题进行探讨和解决。

首先，我们以"拖延症"心理咨询作为一个知识密集型服务的场景，但并没为被试提供一个真实的心理咨询环境。另外，现实中的知识密集型服务各不相同，不同的服务内容和服务方式等是否会产生更多的、不一样的情境因素，从而使本研究中两种顾客社会化活动产生不一样的影响？后续的研究可以引入行业变量，从不同的知识密集型服务，如保险、基金理财、法律咨询、市场调研服务等出发探讨本研究的适应性。

其次，本书从组织与顾客交互的视角，把顾客社会化看作顾客新的学习行为，从而对顾客社会化策略提出了自己的划分方法。后续的研究可以考虑其他的划分方法，如正式/非正式顾客社会化；组织内部/外部顾客社会化，探讨这些社会化策略与服务知识特征之间的交互对服务质量、组织承诺、顾客满意、参与动机等产生的作用的大小。

最后，本书引入了知识密集型服务交换中的两个关键变量：顾客社会化策略和知识类型。是否还有其他的情境因素会影响组织选择不同的顾客社会化策略，如顾客授权、顾客对组织的信任水平、组织口碑和声誉、顾客预期、员工授权、一线服务人员的服务质量等，未来研究可以继续从这些方面加以探讨。

参 考 文 献

刘洪深，黎建新，徐岚，等，2013. 顾客组织社会化对顾客满意影响的作用机制研究——基于双边数据的实证检验. 软科学，4：141-144.

刘祥亚，2005. 踩死那只蟑螂：克服拖拉的 18 种方法. 北京：石油工业出版社：29-145.

汪涛，张辉，刘洪深，2011.顾客组织社会化研究综述与未来展望 .外国经济与管理，33（2）：1-9.

徐岚，崔楠，靳蓓，2013.服务人员-顾客关系形成的社会化过程研究.经济管理，2：75-86.

徐岚，方国斌，崔楠，2012. 保险业顾客社会化策略研究.保险研究，11：12-19.

Ashby F G，Maddox W T，1992. Complex decision rules in categorization：contrasting novice and experienced performance. Human perception and performance，18（1）：50-71.

Ashby F G，Maddox W T，2003. Delayed feedback effects on rule-based and information-integration category learning. Journal of experimental psychology：learning，memory，and cognition，29（4）：650-662.

Ashby F G，Maddox W T，2005.Human category learning. Annual review of psychology，56：149-178.

Bitner，Faranda W T，Hubbert A R，et al.，1997. Customer contributions and roles in service delivery. International journal of service industry management，8（3）：193-205.

Blumentritt R，Johnston R，1999. Towards a strategy for knowledge management.Technology analysis & strategic management，11（3）：287-300.

Chan K，2006. Consumer socialization of chinese children in schools：analysis of consumption values in textbooks. Journal of consumer marketing，23（3）：125-132.

Diehl K，Poynor C，2010. Great expectations?! assortment size，expectations，and satisfaction. Journal of marketing research，47（2）：312-322.

Dotson M J，Hystt E M，2005. Major influence factors in children's consumer socialization. Journal of consumer marketing，22（1）：35-42.

Eisingerich A B，Bell S J，2006. Analysis papers relationship marketing in the financial services industry：the importance of customer education，participation and problem management for customer loyalty. Journal of financial services marketing，10（4）：86-97.

Evans，Kenneth R，Stan S，et al.，2008. The customer socialization paradox：the mixed effects of communicating customer role expectations. Journal of services marketing，22（3）：213-223.

Flynn F J，Schaumberg R L，2012.When feeling bad leads to feeling good：guilt-proneness and affective organizational commitment. Journal of applied psychology，97（1）：124-133.

Hayes A F，2012. Process：A versatile computational tool for observed variable mediation，moderation，and conditional process modeling. [White Paper]http：//www. afhays com.

Hibbert S，Winklhofer H，Temerak M S，2012. Customers as resource integrators：toward a model of customer learning. Journal of service research，15（3）：247-261.

Hipp C，Bouncken R B，2009. Intellectual property protection in collaborative innovation activities within services. International journal of services technology & management，12（3），273-296.

Hubbert A R，1995. Customer co-creation of service outcomes：effects of locus of causality attributions. Doctoral dissertation J. Arizona，USA：Arizona State University.

Kelley S W，Donnelly J H J，Skinner S J，1992. Organizational socialization of service customers. Journal of business research，25（3）：197-214.

Kumar N，2012. Exploring the effects of human capital loss on relationships with clients in knowledge-intensive service firms and the moderating effect of knowledge management. International journal of globalisation & small business，4（3/4）：342-359.

Maddox W T，Ashby F G，2004. Dissociating explicit and procedural-learning based systems of perceptual category learning. Behavioural processes，66（3）：309-332.

Madhavan R，1998. From embedded knowledge to embodied knowledge：new product development as knowledge management. The journal of marketing，62（4）：1-12.

Markman A B，Ross B H，2003. Category use and category learning. Psychological bulletin，129（4）：592-613.

Meyer J P，Herscovith L，2001. Commitment in the workplace：toward a general model. Human resource management review，11：299-326.

Miles I，Kastrinos N，Flanagan K，1995. Knowledge—intensive business services：users，carriers and sources of innovation. Report to DG13 SPRIN：European innovation monitoring service publication.

Mills P K，Moberg D J，1982. Perspectives on the technology of service operations. Academy of management review，7（3）：467-478.

Mills P K，Morris J H，1986. Clients as "partial" employees of service organizations：role development in client participation. Academy of management review，11：726-735.

Muller E，Doloreux D，2009. What we should know about knowledge-intensive business services.Technology in society，31（1）：64-72.

Muller E，Zenker A，2001. Business services as actors of knowledge transformation：the role of kms in regional and national innovation systems.Research policy，30：1501-1516.

Nonaka I，1991. The knowledge-creating company. Harvard business review，69（6）：96-104.

Nonaka I，1994. A dynamic theory of organizational knowledge creation. Organization science，5（1）：14-37.

Sharma N，Patterson P G，1999. The impact of communication effectiveness and service quality on relationship commitment in consumer，professional services. Journal of services marketing，13（July）：151-170.

Ward S，1974. Consumer socialization. Journal of consumer research，1（2）：1-14.

Worthy D A，Markman A B，Maddox W T，2013. Feedback and stimulus-offset timing effects in perceptual category learning. Brain and cognition，81（2）：283-293.

本 章 附 录

附录 3.1：本书实验设计所涉及的量表

　　您好，武汉大学大学生心理健康服务中心是一个为大学生提供心理健康服务的非营利团体。该团体的组织者来自武汉大学基础医学院，旨在通过不定期地在大学生中开展义务的心理健康服务活动，帮助大学生预防和治疗一些可能影响学习生活的心理问题。

　　本次心理健康服务活动的主题是——拖延症。

　　第一部分

　　在本次服务活动开始之前，我们想首先了解您对拖延症的兴趣以及对拖延症的了解程度，请您指出您对下列问题的同意程度，1 分表示非常不同意，5 分表示非常同意。

　　Q1 以下问题是用来了解您对拖延症有多大的兴趣。

	非常不同意	不同意	说不准	同意	非常同意
A. 我对拖延症很感兴趣	1	2	3	4	5
B. 我想了解关于拖延症的情况	1	2	3	4	5
C. 我很关心有关拖延症的情况	1	2	3	4	5

　　Q2 下列问题用来了解您对拖延症相关知识的具体了解程度。

	非常不同意	不同意	说不准	同意	非常同意
A. 我对拖延症是什么十分了解	1	2	3	4	5
B. 我对拖延症出现的原因十分了解	1	2	3	4	5
C. 我对拖延症有何表现十分了解	1	2	3	4	5
D. 我知道怎样预防拖延症	1	2	3	4	5
E. 我知道怎样治疗拖延症	1	2	3	4	5

　　第二部分

　　以下有关拖延症的文字材料是本次健康服务活动的重要内容之一。请您阅读材料 A/B/C/D。详见附录 3.2、附录 3.3、附录 3.4、附录 3.5。

第三部分

下列问题是用来测量您对本次健康服务活动的效果评价，请您指出您对下列问题的同意程度，1 分表示非常不同意，5 分表示非常同意。

Q7 您对预防和治疗拖延症这一目标的投入意愿：

	非常不同意	不同意	说不准	同意	非常同意
A. 我强烈认同积极预防和治疗拖延症这一目标	1	2	3	4	5
B. 对我而言，预防和治疗拖延症这一目标并不现实	1	2	3	4	5
C. 坦率而言，我不关心预防和治疗拖延症的活动	1	2	3	4	5
D. 我对预防和治疗拖延症这一目标坚定不移	1	2	3	4	5
E. 我无法坚持完成预防和治疗拖延症这一目标	1	2	3	4	5
F. 我认为预防和治疗拖延症值得自己付出努力	1	2	3	4	5
G. 我愿意付出比处理一般事务更多努力活动，来预防和治疗拖延症	1	2	3	4	5

Q8 您对本次健康服务活动的满意程度：

	非常不同意	不同意	说不准	同意	非常同意
A. 整体而言，这是一次不错的服务体验	1	2	3	4	5
B. 我认为参与这次服务对我来说是一个正确的决定	1	2	3	4	5
C. 我认为这次服务的结果基本达到或超过了我之前的预期	1	2	3	4	5
D. 我对这次服务很满意	1	2	3	4	5

第四部分

为了改善服务，我们想了解您对服务过程的一些认识，请您指出您对下列问题的同意程度，1 分表示非常不同意，5 分表示非常同意。

Q3 就您刚才阅读的文字材料 C 而言，您对阅读材料 C 中知识内容的理解情况：

	非常不同意	不同意	说不准	同意	非常同意
A. 文字材料中提供给我的知识是关于"是什么"的知识	1	2	3	4	5
B. 文字材料中提供给我的知识是关于"如何做"的知识	1	2	3	4	5
C. 文字材料中提供给我的知识是能够清楚地界定和表述的知识	1	2	3	4	5
D. 文字材料中提供给我的知识是只可意会难以言传的知识	1	2	3	4	5

Q4 您对阅读材料 C 中知识的展示形式的理解情况：

	非常不同意	不同意	说不准	同意	非常同意
A. 文字材料中通过一些定义的形式和总结性的描述来展示知识	1	2	3	4	5
B. 文字材料中通过对多种情境的描述来展示知识	1	2	3	4	5
C. 文字材料中以原理或准则的形式来展示知识	1	2	3	4	5
D. 文字材料中以不同例子为形式来展示知识	1	2	3	4	5

Q5 您在阅读材料 C 的过程中，感觉学习过程的难度：

	非常不同意	不同意	说不准	同意	非常同意
A. 我认为自己容易地获取了拖延症的相关知识	1	2	3	4	5
B. 我认为自己快速地获取了拖延症的相关知识	1	2	3	4	5
C. 这次学习拖延症相关知识的过程对我而言很轻松	1	2	3	4	5

Q6 您通过阅读材料 C，对"拖延症"基本知识掌握的提高程度：

	非常不同意	不同意	说不准	同意	非常同意
A. 通过阅读材料，我总体上对拖延症的知识有了不错的了解	1	2	3	4	5
B. 通过阅读材料，我建立了对拖延症的认识	1	2	3	4	5
C. 通过阅读材料，我掌握了关于拖延症的知识	1	2	3	4	5

第五部分

以下简单了解一些您的个人基本情况：

B1：你的姓名是：

B2：您的专业是：

B3：您的性别是：A 男　B 女

B4：您的年龄：　　岁

B5：您的学号是：

非常感谢您的参与！

附录 3.2：阅读材料 A（编码型知识+基于规则的社会化策略）

拖延症有哪些表现呢？

当你在生活、学习中经常有以下心理或行为时，你就要试着考虑自己是否患有拖延症的问题了：

（1）明知拖拉会导致不良后果，也不愿强迫自己马上行动；

（2）一味只考虑眼前的感受，不愿细想拖延的后果；

（3）事情总是要等到临近最后日期才开始做，或者觉得到最后日期之后才完成也无所谓；

（4）期待事情有立竿见影的效果；

（5）总是在处理琐事，对重要事情怀有恐惧感；

（6）做事情不分轻重缓急，终日忙个不停却得不到令人满意的结果；

（7）常因准备工作不足而不得不暂停工作；

（8）什么事情都想做，什么事情都不想放手；

（9）做事情没有头绪，而自己经常要接受新任务，经常忘记本来自己应该干什么；

（10）缺乏专注精神，做一件事情的时候总想着另外一件事情，很容易被周围的事情分散精力；

（11）总想把事情做得很完美，所以要慎重再慎重；

（12）感觉自己能力不足，且无法从现有任务中获得满足感；

（13）知道有些行为是不可取的却没法让自己停下来，知道有些行为必须好好做却不愿做。

附录 3.3：阅读材料 B（体现型知识+基于规则的社会化策略）

怎样减少拖延行为、治疗拖延症呢？

我们可以在学习和生活中试着采取这样的原则：

（1）树立紧迫感；

（2）多想想事情的结果；

（3）给琐事留出足够的时间；

（4）提前做好准备工作，把截止日期提前；

（5）学会放弃一些事情；

（6）把任务列张清单；

（7）把任务分解为若干步骤；

（8）一次只做一件事情；

（9）首先做自己最拿手的事情，最后做最难的事情；

（10）以力所能及的标准来要求自己，不要过于理想化；

（11）学会找人帮忙，依靠团队完成任务；

（12）尝试用新方法做事；

（13）锻炼自己的自制力。

附录 3.4：阅读材料 C（编码型知识+基于情境的社会化策略）

拖延症有哪些表现呢？

你在生活、学习中是否经常碰到下列类似的情况呢，如果是，你就要试着考虑自己是否患有拖延症了。

（1）考试之前，大家都在紧张复习，可是我却"处变不惊"，因为我会想，不管成绩如何，考试总会过去的。

（2）论文明天要交了，我还一个字没动，没事儿，这不还有一个晚上吗，我可以搞定的。

（3）下个礼拜就要比赛了，好担心啊，我一定要好好准备，等等，我的衣服还没洗，我有点饿，我好想睡觉。

（4）有的时候我都忙了一天了，可是我发现明天我要交的论文还没写！抓狂。

（5）我要去复习了，哎？我忘记带手机和笔了。

（6）我要利用课余时间学好会计学、我要学点计算机知识、我要学门第二外语、我要学好专业知识拿奖学金、我要……。

（7）有的时候我想看看书，忽然接到电话有快递，收完快递我忘了我该干嘛了。

（8）我正在听英语听力材料，忽然看到微博提示"一条新@我的"，会是谁呢？算了，先刷刷微博吧。

（9）这件事情就是这一部分最难办，我先试着先解决这一部分吧，哎呀，果然太难了，我做不到，算了还好没做，要不然又是浪费时间了。

（10）我知道数学的最后一题一般是最难的，可是我就是想去做这道题，完了，时间全花在这个题目上，其他的都没做。

（11）这件事情好无聊啊，一点意思都没有，即使我知道它很重要可我还是一看到它就犯困，先休息一下吧。

（12）我明知道我要减肥了可是我没办法坚持下来，我明知道我成绩掉队了可是我没法静下心来好好复习。

附录 3.5：阅读材料 D（体现型知识+基于情境的社会化策略）

怎样减少拖延行为呢？以下应对拖延行为的例子可以给我们一些参考。

（1）过几天要考试了，我告诉自己，必须在考试前持续保持一种紧迫感，不要松懈，否则我将难以取得理想的成绩。

（2）领导给了我很多工作去做，完成难度很大，但是我想，无论如何不能撂担子，只要我能坚持下来，对我的能力一定大有提升，而且领导也能对我有更全面的认识。

（3）老师布置一个月后交作业，我告诉自己，只要现在有时间，就赶紧去做，最好在头两周内就完成。

（4）下个礼拜就要提交比赛方案了，我给自己列了个时间计划，把日常琐事集中在两个钟头内完成，其他时间用来准备比赛。

（5）每当我脑海中想到"我累了（抑郁/饿了/很忙/很烦，等等），我以后再做"时，我试图告诉自己，"我累了，再多坚持 15 分钟，然后再休息片刻"。

（6）我要去图书馆自习了，出门之前检查一遍钱包、手机、相关资料、笔等，看看还有什么忘记带了，不要因为准备不足而浪费时间和精力。

（7）同学们都在考计算机等级证书，我该不该考呢？检查一下我的日程表，发现我的课余时间只够我准备已经报考的商务英语考试，学计算机的计划留给下个学期吧。

（8）我正在看书，忽然接到电话说有快递，我在自己准备的任务清单上面把"看书"标红，表示还没有做完。

（9）如果我想看书，那么我会关掉手机、关掉计算机，选择一个无人打扰的地方安心地看书。

（10）要写出这份报告好难啊，可是我知道事情是循序渐进的，所以我将报告分解成更多的小目标，比如，今晚我将花两个小时设计表格，明天我将花另外两个小时把数据填进去，在接下来的一天我将根据那些数据花三个小时将报告写出来。

（11）老师布置的这项任务是很无趣，可是别人也都在做，我没什么好抱怨的，早点完成就可以做自己想做的事情了。

（12）没错，我是可以一个人完成这项报告，可是依靠团队合作可以更快更好地完成。我会找擅长技术的人来分析数据和制作 PPT，这样我就可以腾出手做更重要的事了。

（13）一个重要的征文比赛开始了，我必须撰写一篇高水平的文章参加比赛。我告诉自己，对自己要求严格没有错，但不是所有的事情都能达到十全十美的状态，我必须先拿出一个基本框架，保证能按时完成任务，然后在此基础上尽量把它做到最好。

第四章　顾客的群体社会化：样例展示对消费者创意新颖性影响

第一节　概　　述

要想在迅速变化的市场环境下生存和获得竞争优势，企业必须要利用内部和外部来源以提高自身的创新能力（Chesbrough，2003），而消费者正是企业创新的重要来源之一（汪涛等，2010）。由于创新通常开始于创造性的想法（Amabile，1996；Amabile et al.，1996），所以如何利用消费者的创造性正日益受到企业的关注和重视。消费者也越来越多地参与到企业的创造性活动（新产品开发过程）中，并且能为企业带来许多积极的结果（Schreier et al.，2012；Kristensson et al.，2004；Alam，2002；Gruner and Homburg，2000）。

研究文献通常认为创造性包括新颖性和有用性两个维度（Amabile，1996；Moldovan et al.，2011）。其中，新颖性（或原创性）通常被认为是创造性中"最受重视的"特征（Kristensson et al.，2002；Runco and Sakamoto，1999），也通常被看作预测新产品成功的一个重要标准（Booz，1982）。作为创造性的来源，消费者参与到新产品开发的早期阶段能为企业带来更具有新颖性的想法（Kristensson et al.，2004）。鉴于新颖性与有用性通常有着不同的前置因素及影响后果（Moldovan et al.，2011；Moreau and Dahl，2005），本研究将重点考察消费者的新颖性这一维度。

从实践来看，一些公司已经开始探讨如何提高消费者在参与企业创新活动中的创意新颖性。其中，向消费者展示创意样例是促进顾客学习、激发消费者创造力的一种方法。例如，诺基亚公司将 S40 终端应用最佳创意在网上进行展示以促成更多消费者提供新创意；"凡客体"的广告由一位专业设计者进行再创作后以普通消费者的名义投放到网络上，结果引发了成千上万的新"凡客体"的出现。然而，样例展示究竟会对消费者创意的新颖性产生何种影响？虽然现有创造性文献对样例展示与新颖性的关系展开了一些研究，但在消费者参与企业创造性活动这一情境中，仍存在一些值得探讨的问题。

首先，现有文献对样例展示影响个体创意新颖性的结论尚存在不一致之处。一些学者提出，他人创意展示有助于促进学习和联想，从而提高个体的创意新颖性（Dugosh and Paulus，2005；Dugosh et al.，2000）。另一些学者则认为样例展示会导致有意识或者无意识遵从，从而抑制个体创意的新颖性（Dahl and Moreau，2002）。尽管这种不一致结论在一些情境（如工业设计、头脑风暴）中得到了部分解释（Agogué et al.，2011；Marsh et al.，1996），但在消费者参与企业创造性活动情境中，消费者对企业提供样例的感知可能会不同于上述研究情境，样例展示对创意新颖性的影响可能会有所不同。

其次，现有文献对样例展示影响创造性活动的探讨多是在问题界定相对明确的情况下侧重对问题解决过程的研究（Wilson et al.，2010；Dahl and Moreau，2002），但在消费者参与企业创造活动的情境中却不尽如此。一方面，许多消费者参与创造性活动中所碰到的问题通常是开放式的或没有明确界定的问题（如凡客网让消费者设计自己的衬衫），他们通常需要在创造性活动中进一步界定所要解决的具体问题（如在设计中考虑解决舒适性的问题或美观性的问题），而问题界定的不同会影响问题的解决过程（Lubart，2001）。另一方面，抛开问题解决不谈，消费者问题界定过程本身对企业具有十分重要的价值，这是因为消费者所界定的问题可能是公司未曾想到过的新颖领域，它反映了消费者的真实需要，从发掘顾客需要的角度而言，公司可能对消费者所提问题本身的关心程度要高于他们对消费者如何解决问题的关心程度。

再次，消费者在参与企业创造性活动的过程中，他们在感知和判断样例展示时所依赖的外部线索可能会不同于先前已探讨过的情境（如头脑风暴、专业设计及培训学习）。消费者参与企业创造性活动时在时间和空间上的分散性使得他们更可能注意到企业所展示样例的一些外周线索（如样例的设计者来源信息），从而帮助自己更好地了解和利用样例以产生新的创意。

鉴于上述分析，本研究聚焦于消费者参与企业创造性活动这一具体情境，从样例特征出发，引用类比思维理论来探索和检查不同类型的样例如何对消费者的创意新颖性产生影响。具体而言，我们通过区分消费者对样例类型（独特样例与普通样例）及设计者来源（专家与普通消费者）的感知来考察这两类因素对消费者创意新颖性的影响。

第二节　理　论　基　础

一、样例展示对新颖性的影响

在样例展示的研究文献中，一些研究者发现了样例展示对创造性的积极作用。例如，Dugosh 等（2000）的研究实验中，研究者让被试首先听一段记录前一次头脑风暴所产生观点的谈话，然后提出自己的创新观点。实验发现，相对于控制组（没有听到任何他人观点）而言，他人观点的展示增加了被试提出独特观点的数量。进一步的研究指出，创意展示使被试体验到认知刺激，由此激活了观点链的联想系统，那些来自他人的观点刺激了人们长期记忆中通过语义网络方式进行联结的概念。

在后续的一项电子头脑风暴研究中（Dugosh and Paulus，2005）同样发现，向被试展示的观点越多，越有助于被试产生非冗余观点和独特性观点。原因之一在于回想能使人们设定更高的目标，从而提高了人们的创造性。

基于社会认知理论，Zhou（2003）在关于组织中员工创造性的研究中指出，观察创造性样例有利于观察者获得与创造性相关的技能和策略，从而促进创造性。通过提供典型样例建立可能的创造性评价标准，样例展示提供了学习和知识转移的机会。与之相似，Nadler 等（2003）的研究也支持了观察创造性样例有利于知识创造和转移这一观点。研究表明样例展示更多地促进了隐默知识的学习和吸收。

然而，另一些研究发现，样例展示也有可能抑制个体创意活动中的新颖性。Smith 等（1993）的研究提出了外部展示的抑制假设，他们发现在创造性活动中提供样例降低了人们观点的新颖性，因为新近的样例展示会促使被试遵从样例，进而提供相似的观点。在其实验中，尽管研究者要求被试尽量提供不同于样例的观点，但被试仍然产生了无意识的遵从。

Marsh 等（1996）的重复研究也基本支持了 Smith 等（1993）的研究，实验结果表示，样例展示导致了人们在关键特征上的遵从，即抑制了个体的新颖性，而在非关键特征方面并未导致显著的遵从效应。Dahl 和 Moreau（2002）的研究也支持了抑制假设。研究发现，相对于未提供样例展示而言，向个体提供样例展示降低了创意观点的新颖性。创意样例展示使被试更容易采用省力的简单思考模式，从而产生无意识的抄袭。

可以看到，现有文献虽然从不同的研究视角对样例展示的影响作用进行了检查，但这些研究却存在着相互冲突的多重结果。一些学者认为，样例展示的正面影响有可能只在特定条件下存在（Amabile，1996），因此研究者应当研究样例展示的特定情境和交互效应，而不是继续争论究竟展示创意会不会有直接效应或主效应（Zhou，2003）。因此，后续研究沿着这一思路进行了探讨。

一些研究通过区分样例类型来考察样例展示的作用。Cardoso 等（2010）对样例的图形丰富程度进行了区分，但并未发现展示图形简单的样例与展示图形丰富的样例对创意原创性的不同影响。Nijstad 等（2002）考察了多个样例观点的多样化程度和展示顺序对创意观点产生的影响，发现多样化的样例观点能增加个体创意观点的宽度，而同质性的样例观点能增加个体创意观点的深度。但是样例观点的展示顺序对创意观点并无显著影响。Linsey 等（2010）考察了展示类比式样例与非类比式样例对工程设计中无意识抄袭的影响，发现类比式样例的展示能有效解决设计锁定效应，使得设计的新颖性得到了提高。Wilson 等（2010）从样例表面相似性出发来考察样例展示的作用，发现无论表面相似还是不相似的样例展示均比无样例展示的情况激发更高的创意新颖性，表面不相似样例展示情况下的创意新颖性最高。Agogué 等（2011）将样例区分为限制性样例和扩展性样例来考察其对创意新颖性的影响，发现扩展性样例展示能够提高创意的新颖性。

一些研究考察了创意认知过程对样例展示效应的影响。Stark 和 Perfect（2008）探讨了对创意样例的精细化方式（想象/改进）与精细化次数对个体产生原创性创意观点的交互影响作用，发现让个体重复对创意示例进行想象并不会增加无意识抄袭，但让个体重复对创意示例进行改进的精细化方式会增加无意识抄袭。

还有一些研究从个体差异角度进行了考察。Bonnardel 和 Marmèche（2004）考察了设计者的专业水平与展示样例类型的交互作用，发现向专业设计者提供外领域的样例能扩展他们的创意研究空间，从而引发新创意。Rook 和 Van Knippenberg（2011）探讨了不同调节聚焦导向与创意样例质量对个体创造性的交互影响，发现与预防聚焦的个体相比，向促进聚焦的个体展示高质量创意样例会阻碍其创造性。

二、类比思维与新颖性

许多文献表明，寻找和使用类比是创造性活动中的常用创意方法（Linsey et al.，2010；Christensen and Schunn，2007）。而在探索样例展示为什么会对新颖性产生影响的研究中，类比思维被认为是一种重要的内在机制（Bonnardel and Marmèche，2004；Dahl and Moreau，2002）。

类比思维是人类学习新知识和产生新观点的一种基本机制。它涉及人们从熟悉的、现有的类别中转移信息，并将其用于理解新类别或者构建新的观点（Dahl and Moreau，2002）。与其他学习方法（如基于知识点的说教式学习）相比，类比思维更能促进创造性。因为它促使人们通过在心理上构建概念的新颖例子，扩展概念领域的边界，从而使两个先前看似不相关的概念或者思想模式突然间进行连接（Nadler et al.，2003）。

作为一种重要的解决问题的方法，类比思维的核心是信息转移。通常，人们将基础案例作为信息来源，应用于解决目标问题。目标问题一般是与基础案例所不同的、新颖的问题，它可能来自于与基础案例相同或者不同的领域（Holyoak and Thagard，1997）。类比信息转移得以产生的基础来自于映射。根据 Gentner（1989）的结构映射理论（structure-mapping theory），类比思维需要在两个领域（即基础领域和目标领域）结构化的表述元素之间建立连接，并在此基础上，根据共同的关系结构引导信息转移。映射通过在基础案例之间或者在基础案例和目标问题之间进行比较，使概念之间潜在的关系结构得以显现。

不同类型的类比思维对于知识转移以及创造性的作用也不径相同。根据基础领域与目标领域之间相似性的不同，可以将类比分为远距离类比和近距离类比（Perkins and Grotzer，1997）。这种区分的重要性在于两者在创造性活动中映射和转移的信息不同。在近距离类比中，基础领域与目标领域之间的表面相似与结构关系均得到了映射和转移。而远距离类比由于缺乏表面相似性，从而导致映射和信息转移发生在结构关系方面（Gassmann and Zeschky，2008）。一旦映射和转移成功，远距离类比通常会激发更高的新颖性（Holyoak and Thagard，1997），这一点也得到了许多研究的支持（Kalogerakis et al.，2010；Dahl and Moreau，2002）。

值得注意的是，与远距离类比相比，近距离类比更可能导致"负面转移"现象，即参与者在接受培训任务后比未接受培训任务时的实际表现更差的现象（Barnett and Ceci，2002）。这是因为近距离类比提供了更多共享的表面特征，使参与者更容易发现两种条件中所需方案之间的表面匹配，所以，不做进一步思考，直接将最熟悉的类比物特征或原理应用到新方案中。而当接触远距离类比物时，由于基础案例和常见问题领域之间缺乏相似的表面特征，因而刺激参与者努力处理基础来源和问题领域之间的联系，直到发现能够产生最经济解决方案的潜在一般特征。

三、创造性过程与新颖性

在创造性过程中，问题界定和问题解决是两个相互关联的重要环节（Amabile，1996）。在问题界定中，设计者通过明确设计目标和设计要求，确定其对解决问题的心理表征（Gassmann and Zeschky，2008）。在问题解决中，设计者围绕所需要解决的问题来生成可能的解决方案，并根据各种标准和限制条件来评估这些解决方案，然后，通过修改问题解决方案来推进创造性过程，并最终形成具有创造性的设计方案。

在现有文献中，类比思维研究主要关注如何应用类比来解决特定问题的过程，在这些研究中，假定要解决的问题是已知的和固定的（Barnett and Ceci，2002）。因此，类比思维往往只与问题解决过程相联系。然而，由于类比思维涉及由基础案例到目标问题之间的映射过程，因此，类比思维产生作用不仅取决于基础案例（即类比物）的特征，还取决于类比所应用的目标问题领域。换言之，人们在创造性过程中所界定的问题本身就可能会影响类比思维的产生及其对创造性的作用，这是因为目标问题和基础案例之间的关系会影响人们在原有基础案例基础上产生新的类比物以及最终的创意新颖性。

由于映射过程受到联想系统的推动，当基础案例与目标问题来自于同一领域时，人们更易于在相近的语义概念之间进行快速联想，从而促进语义网络联想系统持续运作，产生更多的新类比数量（Burroughs et al.，2008）。但是，当基础案例与目标问题来自于同一个领域时，由于基础案例和目标问题之间十分相似，映射更多的是一种表面特征之间的分享，是一种近距离类比（Ross and Kilbane，1997）。而当基础案例与目标问题来自于不同的领域时，由于两者之间缺乏容易比较的表面特征，人们必须寻找更深层次的基于原理的抽象的关系特征，映射在两个看似不相关的领域之间建立了结构化的联系，形成远距离类比。

因此，在探索样例展示的影响时，除了从考察问题解决（即类比思维）的角度来研究样例展示与新颖性的关系，还需从问题形成的角度（即问题领域界定与基础案例之间的关系）来研究类比思维的产生过程以及对新颖性的作用。不同类型的基础案例与合适的问题领域进行结合，可能会有助于产生更多的映射或者更远的映射，从而影响新颖性。

第三节　研究假设

一、样例独特性与创造性

正如先前研究所指出的那样，样例展示究竟会促进还是阻碍新颖性，可能取决于样例的特征及情境（Chan et al.，2011；Zhou，2003）。在消费者参与创造的情境中，消费者感知到的样例独特性可能是影响其创意新颖性的潜在因素之一。

与普通样例相比，独特样例是那些被消费者认为是不常见的或很少有人想得到的样例（Kohn and Smith，2011）。具体到采用类比思维进行的创造性活动中，由于远距离类比通常涉及来自相隔较远的概念领域之间的结构化联系（Holyoak and Thagard，1997），所以采用远距离类比的样例更容易被消费者感知到具有独特性。而近距离类比所涉及的知识基础通常来自于相邻的概念领域并具有较强的表面相似性，更易于被人想到或运用，因而与采用远距离类比的样例相比，采用近距离类比的样例通常会被消费者感知为普通样例。

在创新活动中，一项创新所采用的类比类型通常与该创新的新颖性正相关（Kalogerakis et al.，2010；Christensen and Schunn，2007）。远距离类比的采用通常会激发更具独特性的或激进式的创新（Holyoak and Thagard，1997）。因此，当向消费者展示独特样例时，由于样例采用的远距离类比是在相隔较远的知识领域之间进行连接，独特样例可以作为一种新奇刺激提示，从而扩大消费者寻找解决创意问题的搜寻空间（Cummins，1992）。另外，由于远距离类比缺乏易于观察的表面相似性，这就促使个体转而去识别较深层次的结构或原理上的相似性，由此促进了更高阶的概念知识产生或者新概念结合（Sternberg and Lubart，1996）。向消费者展示独特样例能够提高消费者在创造性活动中所想到的远距离类比数量和运用远距离类比完成创意的可能性（Nadler et al.，2003），进而提高消费者创意新颖性。

与之相比，普通样例易于接近和促进联想。人们在问题解决方案寻找过程中倾向于采取最省力路径策略（path-of-least-resistance），快速从现有知识和经验中激活那些常见的相似类比，因此，消费者可能会想到更多的近距离类比（Ward，1994）并运用到其创意中，从而削弱了创意的新颖性。因此，我们提出以下假设。

H1：与展示普通样例的情况相比，展示独特样例会导致消费者创意具有更高的新颖性。

二、设计者来源与问题解决领域

在消费者参与企业创造的过程中，不仅样例类型会对消费者创造性产生影响，样例的设计者来源也可能会对消费者的创造性产生影响。这是因为参与创造的消费者可以通过设计者来源这一外周线索来获得有助于其对样例做出判断的信息（Petty and Cacioppo，1986）。正如前面所提到的诺基亚和凡客的例子那样，专家和普通消费者是两种常见的设计者来源。但这两种设计者来源对消费者的影响作用却并不相同。

由于专家在其所从事行业中比普通人具有更高的专长性，他们的建议或决定可以作为一种启发式线索影响普通消费者的判断和决策。研究表明，个体对专家的观点会产生有意识或无意识的遵从（Smith et al.，1993），从而限制注意力范围（Tobin and Raymundo，2009）。高专长性导致了更高比例的遵从（Schouten，2008；Jung and Kellaris，2006）。当消费者意识到所展示样例来自于专家时，对专家的遵从会使他们将注意力聚焦于专家正在解决的问题，从而在问题界定过程中产生固着思维。专家的专长性会使人们认为专家创意样例中所解决的问题是重要、正确和合适的。因而在问题形成过程中，消费者可能更聚焦于专家所解决的问题领域，使自己界定的设计问题和目标与专家展示样例中的问题领域保持一致。

而普通消费者的观点对人们的影响则与专家观点的影响有所不同。一方面，普通消费者并不具有专家的专长性，因此降低了同为普通消费者的个体遵从其样例的可能性。另一方面，普通消费者与个体更为相似，个体并不认为其他普通消费者一定比自己更有能力、专长或者更了解自己的需要（Wilson and Sherrell，1993），甚至由于受到自我服务偏见和优于常人效应的影响，人们往往认为自己能够做出比其他普通消费者更正确、更聪明的判断（Krueger and Mueller，2002）。因此，与展示专家来源样例的情况相比，当消费者意识到样例来自于其他的普通消费者时，他们可能更少认为其他普通消费者所解决的问题是重要和合适的问题，较少将注意力局限于样例中的问题领域，更可能在问题界定过程中试图识别和发现其他不同于创造样例的新的、有意义的问题领域。因此，我们提出如下假设。

H2：与展示专家来源样例的情况相比，展示普通消费者来源的样例能导致消费者更多的外领域问题界定。

三、样例独特性与设计者来源的交互作用

类比思维的形成及其创造性产生作用不仅与基础案例本身（即样例的独特性或普通性）有关，还与将基础案例应用到什么样的目标问题领域（即本领域问题或外领域问题）有关。因此，我们提出样例的设计者来源和样例类型将对类比思维过程以及消费者创意的新颖性产生交互作用。

具体而言，对于来自专家的独特样例展示而言，专家来源使人们在创造性过程中将要解决的问题固定在与展示样例一致的具体问题上，因此约束了人们将独特样例与更宽的问题领域相联系，从而抑制了新类比的产生（Cummins，1992）。另外，由于专家提供的独特样例与其识别的本领域问题之间在表面特征上结合紧密，当消费者聚焦于从样例中识别本领域问题，并将独特样例与本领域问题相关联时，更容易提取独特样例与本领域问题共享的表面特征，减少了消费者从独特样例中去寻找更抽象原则的活动（Burroughs et al.，2008），从而减少了远距离类比的产生。根据类比思维理论，由于缺少足够的类比数量以及远距离类比，消费者的创造性会降低（Dahl and Moreau，2002）。

而且，即使人们尝试寻找从独特样例与本领域知识之间抽取更抽象和高阶的联系以形成远距离类比，但将远距离类比固着于解决本领域问题，并不一定会提升创造性（Perkins and Grotzer，1997）。远距离类比来自于对更抽象和复杂的内在原理的归纳与转移，因此在使用这种类比时需要特别注意应用问题的合适性（Catrambone and Holyoak，1989）。样例与新问题的表面相似性可能会导致远距离类比在应用过程中产生负迁移。因为与样例相似的本领域问题使人们更容易产生习惯性思考，而花费较少精力去分析所形成的远距离类比是否真的合适于新问题领域，从而生搬硬套，增加了不适当应用的可能性，降低了创造性（莫雷和刘丽虹，1999）。比如，当向设计者展示云朵沙发（独特样例）时，设计者可能从云朵沙发抽取出漂浮的概念，进而形成远距离类比——海船，然后将其用于解决舒适性问题（来自于样例的本领域问题）上，产生海船沙发

的创意。但是海船沙发却给人一种不稳定和眩晕的感受，并不是解决舒适性问题的好方案。

对于来自普通消费者的独特样例而言，样例的普通消费者来源会促使人们更多地寻找不同于样例问题领域的新的、有意义的问题（Dugosh and Paulus，2005），以探索将独特样例应用于更多新的问题情境。宽泛和多样化的问题领域支撑了创意活动所需的更广泛的联想空间（Cummins，1992），有助于形成更多的类比数量。而由于独特样例与外领域问题之间缺少表面相似性，消费者需要从独特样例中抽取更高阶的概念或原理才能转移到新问题情境。将这些更抽象的概念或原理与更多新的问题情境进行关联，以探索解决新领域中的问题，进而产生更多的远距离类比，从而增加了新颖性。

此外，当创造性活动的绩效标准难以确定时，人们通常会根据他人的绩效来确定什么是合适的绩效标准。因此，向个体展示的他人样例可能会成为个体的对其创意进行评判的标准。例如，Dugosh 和 Paulus（2005）的研究发现如果他人产生的是普通观点，则被试就更倾向于提出普通观点；如果他人的观点十分独特，则被试也倾向于提出独特观点。在本研究中，由于独特样例的新颖性要高于普通样例，因此独特样例展示更有可能为从事创造性活动的消费者设定高绩效标准并带来更高新颖性的设计。而样例的普通消费者来源与参与企业创造性活动的消费者更为相似，因此我们预期这种效应在普通消费者来源的样例展示情况中更为明显，即普通消费者来源的独特样例展示能比普通消费者来源的普通样例展示带来新颖性更高的创意。

综合所述，我们提出了以下假设。

H3：样例独特性与设计者来源交互影响消费者创意新颖性。

H3a：与专家来源的独特样例展示情况相比，展示普通消费者来源的独特样例会导致消费者的创意具有更高新颖性。

H3b：与普通消费者来源的普通样例展示情况相比，展示普通消费者来源的独特样例会导致消费者的创意具有更高新颖性。

第四节　实　验　一

一、实验方法

1. 实验目的与被试

实验一的研究目的是检查展示样例的类型是否对消费者创意新颖性产生影响，即所提假设 H1。为了控制被试的差异，我们特别招募了中国某所大学工商管理大类一年级本科新生参与本实验，所有被试均未曾接受过任何新产品设计的培训，也没有任何设计新产品的经验。被试通过随机抽取奖品的方式来获得参与激励。共有 98 人参加了实验，剔除掉不完整和不合格的样本，实际进入分析的样本数为 93 人，其中男性 59 人，女性 34 人。

2. 实验设计与程序

实验一采用 2（样例类型：独特样例/普通样例）+1（无样例展示）被试间设计。被试被随机分配到上述三个实验组中。在实验中，我们邀请被试参加一项企业的新产品设计活动，其任务是为一家沙发制造企业提供新产品创意。对于独特样例组和普通样例组中的被试，在新产品设计任务开始前，我们告知被试在新产品设计活动中，人们经常将许多其他领域的知识或元素类比到现有产品中来产生新产品设计，并向被试展示了一个采用类比方法设计的沙发样例（包括沙发外观图和创意文字描述）。之后，我们请被试对刚才所看到的样例进行回忆，并请被试采用类比方法来设计一款新沙发。无样例组中的被试仅被告知需采用类比方法为一家沙发制造企业提供新产品创意。被试有 40 分钟来完成其设计，并在设计过程中写下其头脑中想到的所有类比。类比完成后，我们请被试勾画出自己所设计新款沙发的草图，并用文字详细说明其创意。最后，我们请被试完成操纵检测问题的回答，并填写一些基本的被试者信息，生成抽奖号。

本实验中所使用的样例，是通过预测试来进行选取的。首先，我们选择了 10 个采用类比方式进行创意的沙发样例，包括 5 个采用近距离类比的普通样例与 5 个采用远距离类比的独特样例。然后，我们邀请了 30 位本科生分别对每个样例的独特性进行打分。与我们的预期一致，结果表明，所有独特样例的独特性得分均显著高于普通样例（$p < 0.001$）。之后，我们在均值较高和均值较低的样例中分别选择标准差最低的样例作为本实验中所使用的独特样例和普通样例。通过上述的预测试，我们选择了"云朵沙发"作为实验中的独特样例（$M=4.10$，SD=0.61），选择了"可伸展沙发"作为实验中的普通样例（$M=2.50$，SD=0.57，$t(29)=11.38$，$p < 0.001$）。

3. 测量

根据 Amabile（1996）的建议，被试所设计产品创意的新颖性测量结果是由三位在产品设计方面受过训练的专业人士分别对被试创意的新颖性进行评分后取均值来获得的。我们请所有评分者先通览所有要评价的创意，然后以新颖性为标准从所有创意设计中挑选出非常具有创造性和非常不具有创造性的一些方案，以提高评估的内部一致性。接下来，在这些方案的基础上根据新颖性标准进一步明确自己的评分细则。最后，根据所确定的评分细则对每一项方案的创造性进行评分。在评价时，我们请三位评分者主要依据被试对其创意设计的详细文字描述进行判断，将被试所勾勒的草图作为方便对文字描述进行理解的辅助材料。三位评分者对消费者创造性评分 r_{wg} 为 0.86，高于 James 等（1993）所推荐的 0.7 的临界值，说明三位评分者的评价有较高的一致性。

此外，我们还测量了被试在实验中所产生的远距离类比的数量。我们安排了两个不了解实验目的的研究生对所有类比进行编码，将其分为远距离类比和近距离类比。借鉴远距离类比的定义以及 Dahl 和 Moreau（2002）在研究中的分类原则，我们将与所展示样例的表面特征直接相关的类比界定为近距离类比，而与样例不直接相关的类比界定远距离类比。例如，在"可伸展沙发"样例中，与床、抽屉等表面特征相关的类比为近距离类比（如折叠床、按摩床、多用抽屉、柜子、电热毯），与床、抽屉等不相关的类比为远距离类比（如积木、存钱罐）。而在"云朵沙发"类型中，与云朵、磁铁等表面特征相关的类比为近距离类比（如天空、柔软物、电磁铁），与之无关的类比为远距离类比（如摇篮、汽球、水）。两位编码人员在编码过程中的少量不一致情况由研究者协商解决。

二、实验结果

1. 操纵检测

所有被试均能正确回忆出所展示的样例。我们采用 Franke 和 Schreier（2008）所使用的 3 条 5 点语项（该样例很独特/非常特别/不同寻常）来测量被试对所展示样例是否具有独特性的评价（Cronbach's α=0.94）。方差分析结果表明，独特样例组（M=4.07）和普通样例组（M=2.45）中的被试在对样例独特性的评价上存在着显著的差异（t（61）=10.10，p<0.001）。

为了排除被试在创造性能力上的差异对结果的影响，我们请被试对两个描述其创造性能力的语项进行评价，分别是"我是一个创造力很强的人"和"我很善于创造性地提出问题解决方案"（均采用 5 点李科特量表来测量）。这两个语项的 Cronbach's α 系数为 0.76。方差分析结果表明，无样例组（M=3.55）、独特样例组（M=3.56）和普通样例组（M=3.39）中的被试在创造性能力上并不存在显著差异（F（2，90）=0.46，p=0.63）。因此，被试在创造性能力上的差异不会对实验一的结果产生显著影响。

因此，上述结果确认了此次实验的操纵是成功的。

2. 样例独特性与消费者创意新颖性

实验一的分析结果如表 4-1 所示。我们以样例类型作为因素，以被试创意的新颖性为因变量进行方差分析，发现样例类型对被试创意的新颖性有显著影响（$F_{(2, 90)}=3.41$，$p<0.05$）。独特样例组的新颖性得分（$M=3.59$）显著高于普通样例组（$M=3.06$，$t_{(61)}=2.04$，$p<0.05$）及无样例组（$M=2.97$，$t_{(60)}=2.58$，$p<0.05$），而普通样例组与无样例组在新颖性得分上并没有显著差异（$t_{(59)}=0.35$，$p=0.73$）。

表 4-1　实验一的分析结果

	问题界定数量/人		远距离类比数量		新颖性	
	本领域	外领域	M	SD	M	SD
独特样例组	22	10	1.56	1.13	3.59	0.89
普通样例组	23	8	1.00	1.00	3.06	1.15
无样例组	20	10	0.80	1.06	2.97	1.01

我们还比较了各实验组被试在实验中产生的远距离类比数量的差异。结果表明，独特样例组的被试产生的远距离类比数量（$M=1.56$）显著高于普通样例组（$M=1.00$，$t_{(61)}=2.09$，$p<0.05$）及无样例组（$M=0.80$，$t_{(60)}=2.73$，$p<0.01$），而普通样例组及无样例组的被试产生的远距离类比数量无显著差异（$t_{(59)}=0.76$，$p=0.45$）。当在方差分析模型中加入协变量远距离类比的数量时，样例类型对新颖性的影响效应不再显著（$F_{(2, 89)}=0.66$，$p=0.52$），而远距离类比数量对新颖性有显著影响（$F_{(1, 89)}=40.66$，$p<0.001$）。因此，远距离类比数量解释了独特样例和普通样例对被试创意新颖性影响的差异。从而，H1得到验证。

三、实验讨论

实验一的结果表明，展示不同类型的样例对消费者创意的新颖性有着不同的影响。向消费者展示独特样例要比展示普通样例带来更高的创意新颖性，这种更高的新颖性是由消费者接受到样例刺激后产生了更多的远距离类比带来的。因此，在我们的实验中，样例类型成为解释不同样例展示效果的主要因素。

在实验一中，尽管我们考察了样例类型对消费者创意新颖性的影响，但并未考察样例设计者来源的影响。此外，在实验一中，尽管样例类型显著影响被试的新颖性，但检验表明，样例类型对被试的问题界定并未产生显著影响（$\chi^2_{(1)}=0.23$，$p=0.63$）。而如本书所假设，不同的设计者来源可能会对消费者创意所解决的问题界定产生影响。对于这些问题，我们将通过实验二来考察。

第五节　实　验　二

一、实验方法

1. 实验目的

在实验二中，我们主要考察样例展示对消费者的问题界定（通过被试解决的创意问题类型来考察）和问题解决（通过被试创意设计的新颖性来考察）两个方面的影响。我们将考察样例设计者来源对消费者问题界定的影响，即验证假设 H2，以及样例类型与设计者来源对消费者创意新颖性的交互影响效应，即验证假设 H3。

2. 实验设计、被试和程序

实验二采用 2（样例类型：独特样例/普通样例）×2（样例设计者来源：专家/普通消费者）被试间实验设计。被试被随机分配到上述四组中。实验二的被试与实验一类似，为中国某所大学工商管理大类一年级本科新生，他们在参与实验之前没有任何设计新产品的经验。共有 132 人参加了实验，剔除掉回答不完整和不合格被试后，实际的参与人数为 125 人，其中男性 75 人，女性 50 人。

实验二的新产品设计任务是为一家钟表制造企业设计一款新时钟。我们首先向被试展示了一个他人采用类比方式设计的时钟样例（包括时钟外观图和创意文字描述），然后对样例的设计者信息进行介绍。接着，我们要求被试说明拟用新产品解决什么问题，并请被试在 40 分钟内完成设计，包括在设计过程中写下其头脑中想到的所有类比，以及画出草图并用文字说明其创意。最后，我们请被试完成操纵检测问题及人口统计信息。

3. 实验操纵

通过与实验一相似的预测试程序，我们从 10 个关于时钟的样例中选择"围巾时钟"作为实验中的独特样例（$M=4.48$，$SD=0.51$）和"懒人时钟"作为实验中的普通样例（$M=3.28$，$SD=0.70$，$t(28)=8.40$，$p<0.001$）。

我们分别向被试描述了所展示样例的两种设计者来源。其中，"专家"设计者被描述为一位具有较高的新产品设计专长的个人（麻省理工学院工业设计专业毕业，作品曾赢得过全球设计界的奥斯卡奖——红点奖，为诺基亚、GE 等公司设计过许多深受好评的工业作品）；而"普通消费者"则被描述为一位与被试相似的没有任何新产品设计经验的个人（第一次参与新产品设计活动的××高校一名普通本科生，无任何设计经验）。

4. 测量

对于被试创意所解决问题领域的测量来自于对被试所描述的拟解决问题的分类编码。我们将所解决的问题领域分为本领域问题与外领域问题（Dahl and Moreau，2002）。本领域问题指与所展示的他人样例在同一领域的问题，外领域问题指与他人样例不属于同一领域的问题。比如，在"懒人时钟"样例中，本领域问题指报时提醒和时间管理，而与此无关的其他问题则是外领域问题（如能源利用、按摩、照明等）。而在"围巾时钟"样例中，本领域问题指能源利用和外观，而与此无关的其他问题（如计时提醒、防身、照明等）则是外领域问题。

与实验一相似，研究者安排了两个不了解实验目的的研究生对被试所记录的所有类比进行编码。同样，我们将与所展示样例的表面特征直接相关的类比界定为近距离类比，将不直接相关的类比界定为远距离类比。比如，在"懒人时钟"样例中，与时间显示、刺激物、响铃声等表面特征相关的类比为近距离类比（如录音铃声、搞笑铃声、强光、强振动、老鼠夹等），与时间显示、刺激物、响铃声等不相关的类比为远距离类比（如飞碟、手机键盘、计算机游戏、烤面包机等）。而在"围巾时钟"类型中，与围巾、涡轮、旋转等表面特征相关的类比为近距离类比（如齿轮、毛衣、风车等），与之无关的类比为远距离类比（如投射影子、垂直感应器、沙漏等）。

被试创意的新颖性同样由三位在产品设计方面受过训练的专业人士分别对所有创意的新颖性进行评分的均值来测量。我们采用和实验一相似的程序来提高评估的内部一致性。三位评分者对消费者创造性评分的 r_{wg} 为 0.87，表明三位评分者的评价有较高的一致性。

二、实验结果

1. 操纵检测

我们采用与实验一相同的量表对独特性进行操纵检查。操纵检查结果表明，独特样例组（$M = 4.17$）和普通样例组（$M = 2.61$）中的被试在对所展示样例独特性的评价（Cronbach's $\alpha = 0.94$）上存在着显著差异（t（123）=14.98，$p < 0.001$）。被试对设计者的专业性评价量表改编自 Ohanian（1990）的量表，采用 3 条 5 点语项（不是该领域专家/是该领域专家、专业知识不丰富/专业知

识丰富、对该领域设计的经验不丰富/对该领域设计的经验丰富）。检测结果表明，专家来源组（$M = 4.06$）和普通消费者来源组（$M = 2.62$）中的被试在对样例设计者的专业性评价（Cronbach's $\alpha = 0.96$）上也存在着显著差异（$t(123)=10.70$，$p < 0.001$）。

为了排除被试在创造性能力上的组间差异对被试创意新颖性的影响，我们采用了与实验一中相同的两条语项来测量被试的创造性能力（Cronbach's $\alpha=0.80$），并以样例设计者来源及样例类型作为固定因素，以被试的创造性能力作为因变量进行方差分析。方差分析结果表明，无论是样例类型（$F(1, 121)=0.52$，$p=0.47$）和设计者来源（$F(1, 121)=0.86$，$p=0.36$）还是两者的交互项对被试的创造性能力得分均无显著影响（$F(1, 121)=1.39$，$p=0.24$）。因此，被试的创造性能力不会对实验二的结果产生显著影响。因此，上述结果确认了此次实验的操纵是成功的。

2. 样例设计者来源与消费者创造性过程

实验二的分析结果如表 4-2 所示。在 H2 中我们提出，专家来源组和普通消费者来源组的被试在问题界定方面存在显著差异。这一假设在实验二中得到了验证。普通消费者来源组中有 53.2% 被试将其创意设计所解决的问题界定在外领域中，这一比例显著高于专家来源组（31.7%，$\chi^2(1)=5.90$，$p < 0.05$）。此外，独特样例组中外领域问题界定的被试比例（46.8%）与普通样例组中的被试比例（38.1%）无显著差异（$\chi^2(1)=0.96$，$p=0.33$）。

表 4-2　实验二的分析结果

		问题界定数量		远距离类比数量		新颖性	
		本领域	外领域	M	SD	M	SD
普通消费者来源	独特样例组	15	16	0.80	0.70	3.58	0.97
	普通样例组	14	17	0.35	0.48	2.78	0.72
专家来源	独特样例组	18	13	0.45	0.57	3.01	1.02
	普通样例组	25	7	0.47	0.57	3.04	1.00

在 H3 中提出了样例类型与设计者来源对新颖性的交互影响作用。因此，以样例类型及设计者来源作为固定因素，以被试所设计时钟的新颖性作为因变量进行方差分析。我们发现了样例类型对新颖性的主效应（$F(1,121)=5.21$，$p < 0.05$），独特样例组的被试创意新颖性（$M=3.30$）显著高于普通样例展示组的被试（$M=2.91$），这一结果重复了实验一中的发现。

　　此外，我们还发现了样例类型与设计者来源对创意新颖性影响的交互效应（F（1，121）=6.08，$p<0.05$）。这一发现为 H3 的成立提供了初步依据（图 4-1）。为了进一步解释该交互效应，我们进行了单效应检验。检验结果表明，当向被试展示独特样例时，普通消费者来源组中的被试在新颖性上的得分（$M=3.58$）显著高于专家来源组中的被试（$M=3.01$，F（1，121）=5.74，$p<0.05$），H3a 得到了验证。当展示样例的设计者来源为普通消费者时，独特样例组被试的新颖性得分（$M=3.58$）显著高于普通样例组被试（$M=2.78$，F（1，121）=11.18，$p<0.01$）。H3b 得到验证。

　　为了进一步解释上述的发现，我们还考察了被试在实验中所产生的远距离类比数量所起的作用。我们首先以远距离类比数量作为因变量进行方差分析。结果发现，独特样例组被试产生的远距离类比数量（$M=0.63$）显著高于普通样例展示组被试（$M=0.41$，F（1，121）=4.29，$p<0.05$）；设计者来源类型与样例类型对被试的远距离类比数量产生交互影响（F（1，121）=4.99，$p<0.05$），普通消费者来源—独特样例组的被试产生的远距离类比数量（$M=0.81$）要高于普通消费者来源—普通样例组的被试（$M=0.36$，F（1，121）=9.20，$p<0.01$）及专家来源—独特样例组的被试（$M=0.45$，F（1，121）=5.68，$p<0.05$）。

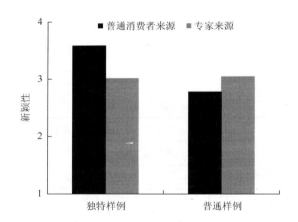

图 4-1　样例类型与设计者来源对创意新颖性的影响

　　接着，我们以新颖性得分作为因变量，以远距离类比数量作为协变量进行协方差分析，结果发现远距离类比数量对新颖性有显著影响（F（1，120）=61.81，$p<0.001$），而样例类型的影响（F（1，120）=1.67，$p=0.20$）及样例类型与设计者来源的交互效应（F（1，120）=1.95，$p=0.17$）均不再显著。因此，这一结果为假设 H3 提供了进一步的解释，即被试在创造性活动过程中所产生的远距离类比数量解释了样例类型与样例设计者来源对被试创意新颖性的影响。

三、实验讨论

实验二的结果表明，展示样例的独特性及其设计者来源会对消费者创意的新颖性产生影响。这种影响不仅表现在消费者在创造性活动中的问题界定方面，也体现在问题解决方面。

首先，企业所展示样例的设计者来源会影响消费者在创造性活动中所界定的问题类型。在实验二中，展示专家来源的样例会导致消费者更多地将其要解决的问题界定在与专家来源样例所解决的相同或相关问题上，即本领域问题。而与之相比，普通消费者来源的样例展示会更多地促进消费者解决的外领域问题。

其次，与实验一中的发现相类似，在实验二中，我们同样发现了样例独特性对消费者创意新颖性的影响，即与普通样例相比，独特样例的展示会导致消费者的创意具有更高的新颖性。但进一步的考察可以发现，样例独特性对创意新颖性影响的这一效应实际上是由其与样例设计者来源的交互作用形成的。

具体而言，对于所展示样例来源于普通消费者的情况而言，实验二的被试展现出了与实验一相似的结果，即独特样例的展示能导致消费者创意的新颖性。但是，对于专家来源的样例展示情况，独特样例展示与普通样例展示对被试创意新颖性的影响并无明显差异，但都显著低于展示普通消费者来源—独特样例的情况。也就是说，在实验二中，独特样例展示对消费者创意新颖性的促进作用仅出现在当该样例来源于普通消费者时。与之相比，专家来源的样例展示抑制了独特样例的这种促进效应。

对这种效应来源的进一步分析表明，当样例展示使得问题领域与远距离类比思维相协调时，消费者的创意新颖性得到增强；当样例展示不能使问题领域很好地促进远距离类比思维产生时，消费者创意新颖性被抑制。这表现在不同实验情形下消费者所产生的远距离类比数量对消费者创意新颖性的影响上。

第六节　讨论与总结

一、结论及管理启示

现有文献对样例展示是否有助于促进新颖性存在着不一致的观点。并且，文献中有关创意新颖性的研究多见于对公司内部员工或专业技术人员进行考察（Burroughs et al.，2011；Wilson et al.，2010），而鲜有研究以消费者参与企业创造性活动为情境，考察如何在问题界定不明确的情况下通过样例展示提高个体创意新颖性。本研究的发现有助于弥补上述的研究缺口。

通过考察样例独特性和设计者来源如何影响问题领域界定以及远距离类比思维产生，进而影响消费者创意新颖性，本研究识别出在消费者参与企业创造的情境中样例展示促进消费者创意新颖性的边界条件，即展示消费者来源的独特样例有助于提高消费者创意的新颖性。其原因是这种样例展示促进消费者识别更多有意义的、超出现有问题领域的新问题，并促使消费者在独特样例的启发下产生更多的远距离类比，减少常见问题领域知识的束缚作用，由此产生了更高的新颖性。

本研究也有助于进一步解释为什么独特样例在一些研究中并未对创造性产生促进作用（Rook and Van Knippenberg，2011）。本研究的结果表明当展示专家来源的独特样例时，消费者的创造性受到了抑制。这种抑制效应在一些研究中被认为是对他人样例的遵从效应或者无意识抄袭效应（Dahl and Moreau，2002）。而本研究从问题界定（问题领域识别）和问题解决（远距离类比思维产生）的视角，为他人样例在某些条件下的抑制作用提供了进一步的解释。专家来源使消费者更多地聚焦于本领域问题，使消费者在接触到独特样例后，无法通过将其与更宽泛的外领域问题结合来形成更多的远距离类比，因此降低了创意新颖性。

与遵从效应和无意识抄袭效应不同，本研究结果表明，并非所有的样例展示都抑制了人们的主动思考活动，独特样例也不一定会约束人们的独创性认知过程。相反，提供独特样例鼓励消费者识别并应用更宽泛的新问题领域，要比不提供样例或者只提供普通样例更能促进消费者对样例知识的吸收和转移。

从实践意义而言，本研究为企业设计和引导消费者的创造性参与活动提供了可借鉴的管理启示。

首先，对于希望能够从消费者那里获得新颖观点或创意的企业而言，向消费者展示创意样例的作用在于为消费者提供可供选择的类比基础案例。如果消费者参与的创造性活动是其较为熟悉的领域，那么基础案例的类型就成为决定能否提高消费者创意新颖性的关键。因此，我们建议企业应当选择能促进消费者远距离类比思维产生作用的样例（如独特样例）来展示，否则这种做法可能并不会起到企业预想的作用。

其次，为了有效发挥样例展示促进消费者创意新颖性的作用，企业还应当在合适的环境中开展创造性活动。例如，对普通消费者而言，在企业研发实验室中开展创造性活动可能会不如在非企业管理和控制的环境（如消费者社区）中开展的效果好。这是因为企业研发实验室的环境暗示着一定的专长性，所以，在这种环境下样例展示有可能会将消费者的思维限制在某一具体的问题领域，从而抑制了远距离类比思维的作用，进而使消费者创意的新颖性受到抑制。而消费者社区为消费者提供了更多无拘束的创造环境，促进了个体创意的新颖性。

此外，企业可以利用合适的样例设计者来源影响消费者。企业可以在一些低专长性的环境（如消费者品牌社区）中提供或者安排创意展示活动来展示那些普通消费者的独特创意，或者鼓励一些高创造性的设计者以普通消费者的身份在社区中发布作品，以促进其他消费者积极地吸收他人样例，并在此基础上识别新的问题和提供新颖的解决方案。

二、局限性及未来研究方向

本研究的局限性有以下几个方面。

第一，为了简化和聚焦研究问题，本研究只考虑了向被试提供一个样例作为类比基础案例的情况。事实上，有研究者提出，提供多个样例作为类比基础案例，有可能对创造性产生更强的促进作用（Dugosh and Paulus，2005；Dugosh et al.，2000）。然而，这种促进作用也可能取决于多个样例之间的关系，如这些样例是否在同一问题领域，是否有相似的样例质量（都是独特样例或普通样例，或独特和普通样例混杂），是否来源于相似的设计者背景（都是消费者或专家，或既有消费者又有专家）。多样例展示提供了更为复杂的研究情境，未来需要进一步检查多样例之间的相互影响作用。

第二，本研究主要以消费者创意的新颖性作为创造性的衡量指标，较少关注创意的有用性或合适性。尽管新颖性高的创意并不一定需要具有合适性才会被认为是具有创造性的创意，但是具有合适性至少不会起到相反的作用（Runco and Charles，1993）。作为两个不同的创造性目标，有时企业需要在新颖性和合适性之间进行平衡（Kilgour and Koslow，2009）。因此，未来研究可以检查什么样的创意样例展示会产生既新颖又合适的创意，以及考察如何平衡新颖性和合适性之间的关系。

第三，面对快速变革的环境，企业不仅需要提高创造性活动的质量和效果，也要提高数量和效率（Atuahene-Gima，2003）。因此，未来研究可以考虑检查在规定时间内样例展示相对于无样例展示是否能产生更多数量的消费者创意，或者对于产出相似质量的消费者创意而言，样例展示条件下的消费者是否比无样例条件下更快地完成了创造性活动（Zeng et al.，2011）。考虑到一些情况下消费者不可能投入过长时间参与企业创造，所以从完成创造任务的速度和效率视角来研究创意展示对企业具有显著的实践意义。

第四，随着互联网沟通技术的不断发展，后续研究还可以考察存在消费者互动的情况下，如网络社区中消费者互动（Wu and Fang，2010）或社会化媒体沟通情境下的消费者互动（徐岚等，2015），对样例展示效应所产生的影响。

参 考 文 献

莫雷，刘丽虹，1999. 样例表面内容对问题解决类比迁移过程的影响．心理学报，31：313-323.

汪涛，何昊，诸凡，2010. 新产品开发中的消费者创意——产品创新任务和消费者知识对消费者产品创意的影响. 管理世界：80-92.

徐岚，谢雯婷，徐超，2015. 社会比较方向对消费者创造性的影响. 华东经济管理，29：114-124.

Agogué M，Kazakçi A，Weil B，et al.，2011. The impact of examples on creative design：explaining fixation and stimulation effects//Culley S J H B J，McAloone T C，Howard T J，et al. Proceedings of the 18th International Conference on Engineering Design，Lyngby/Copenhagen，Demark：Design Information and Knowledge：266-274.

Alam I，2002. An exploratory investigation of user involvement in new service development . Journal of the academy of marketing science，30：250-261.

Amabile T M，1996. Creativity in context：update to" the social psychology of creativity . Boulder，CO：Westview Press.

Amabile T M，Conti R，Coon H，et al.，1996. Assessing the work environment for creativity . The academy of management journal，39：1154-1184.

Atuahene-Gima K，2003. The effects of centrifugal and centripetal forces on product development speed and quality：how does problem solving matter? Academy of management journal，46：359-373.

Barnett S M，Ceci S J，2002. When and where do we apply what we learn?：a taxonomy for far transfer . Psychological bulletin，128：612-637.

Bonnardel N，Marmèche E，2004. Evocation processes by novice and expert designers：towards stimulating analogical thinking . Creativity and innovation management，13：176-186.

Booz A H. 1982，New products management for the 1980s . New York：Booz，Allen & Hamilton Inc.

Burroughs J E，Dahl D W，Moreau C P，et al.，2011. Facilitating and rewarding creativity during new product development. Journal of marketing，75：53-67.

Burroughs J E，Moreau C P，Mick D G，2008. Toward a psychology of consumer creativity//Haugtvedt C P，Herr P M，Kardes F R.（eds.）Handbook of consumer psychology. New York：Erlbaum：1011-1038.

Cardoso C，Badke-Schaub P，Luz A，2010. Design fixation on non-verbal stimuli：The influence of simple vs rich pictorial information on design problem-solving//Proceedings of the asme international design engineering technical conferences and computers and information in engineering conference. New York：American Society of Mechanical Engineers：995-1002.

Catrambone R，Holyoak K J，1989. Overcoming contextual limitations on problem-solving transfer . Learning，memory，15：1147-1156.

Chan J，Fu K，Schunn C，et al.，2011. On the benefits and pitfalls of analogies for innovative design：ideation performance based on analogical distance，commonness，and modality of examples . Journal of mechanical design，133（8）：1-11.

Chesbrough H W，2003. Open innovation：the new imperative for creating and profiting from technology. Cambridge：Harvard Business Press.

Christensen B T，Schunn C，2007. The relationship of analogical distance to analogical function and preinventive structure: the case of engineering design . Memory & cognition，35：29-38.

Cummins D D，1992. Role of analogical reasoning in the induction of problem categories . Learning，memory，18：1103-1124.

Dahl D W，Moreau P，2002. The influence and value of analogical thinking during new product ideation . Journal of marketing research，39：47-60.

Dugosh K L，Paulus P B，2005. Cognitive and social comparison processes in brainstorming . Journal of experimental social psychology 41：313-320.

Dugosh K L，Paulus P B，Roland E J，et al.，2000. Cognitive stimulation in brainstorming . Journal of personality and social psychology，79：722-735.

Franke N，Schreier M，2008. Product uniqueness as a driver of customer utility in mass customization . Marketing letters，19：93-107.

Gassmann O，Zeschky M，2008. Opening up the solution space: The role of analogical thinking for breakthrough product innovation . Creativity and innovation management，17：97-106.

Gentner D，1989. The mechanisms of analogical transfer//Vosniadou S，Ortony A.（eds.）Similarity and analogical reasoning. Cambridge，UK：Cambridge University Press：99-124.

Gruner K E，Homburg C，2000. Does customer interaction enhance new product success? Journal of business research，49：1-14.

Holyoak K J，Thagard P，1997. The analogical mind . American psychologist，52：35-44.

James L R，Demaree R G，Wolf G，1993. Rwg: an assessment of within-group interrater agreement. Journal of applied psychology，78：306-309.

Jung J M，Kellaris J J，2006. Responsiveness to authority appeals among young french and american consumers . Journal of business research，59：735-744.

Kalogerakis K，Lüthje C，Herstatt C，2010. Developing innovations based on analogies: experience from design and engineering consultants . Journal of product innovation management，27：418-436.

Kilgour M，Koslow S，2009. Why and how do creative thinking techniques work?: trading off originality and appropriateness to make more creative advertising . Journal of the academy of marketing science，37：298-309.

Kohn N W，Smith S M，2011. Collaborative fixation: effects of others' ideas on brainstorming . Applied cognitive psychology，25：359-371.

Kristensson P，Gustafsson A，Archer T，2004. Harnessing the creative potential among users . Journal of product innovation management，21：4-14.

Kristensson P，Magnusson P R，Matthing J，2002. Users as a hidden resource for creativity: Findings from an experimental study on user involvement . Creativity and innovation management，11：55-61.

Krueger J，Mueller R A，2002. Unskilled，unaware，or both? the better-than-average heuristic and statistical regression predict errors in estimates of own performance. Journal of personality and social psychology，82：180-188.

Linsey J S，Tseng I，Fu K，et al.，2010. A study of design fixation，its mitigation and perception in engineering design faculty. Journal of mechanical design，132.

Lubart T I，2001. Models of the creative process: past，present and future . Creativity research journal，13：295-308.

Marsh R L，Landau J D，Hicks J L，1996. How examples may（and may not）constrain creativity . Memory & cognition，24：669-680.

Moldovan S, Goldenberg J, Chattopadhyay A, 2011. The different roles of product originality and usefulness in generating word-of-mouth . International journal of research in marketing, 28: 109-119.

Moreau C P, Dahl D W, 2005. Designing the solution: the impact of constraints on consumers' creativity . Journal of consumer research, 32: 13-22.

Nadler J, Thompson L, Van Boven L, 2003. Learning negotiation skills: four models of knowledge creation and transfer . Management science, 49 (4): 529-540.

Nijstad B A, Stroebe W, Lodewijkx H F M, 2002. Cognitive stimulation and interference in groups: exposure effects in an idea generation task . Journal of experimental social psychology, 38: 535-544.

Ohanian R, 1990. Construction and validation of a scale to measure celebrity endorsers' perceived expertise, trustworthiness, and attractiveness . Journal of advertising, 19: 39-52.

Perkins D N, Grotzer T A, 1997. Teaching intelligence . The American psychologist, 52: 1125-1133.

Petty R E, Cacioppo J T, 1986. Communication and persuasion: central and peripheral routes to attitude change . New York: Springer-Verlag.

Rook L, Van Knippenberg D, 2011. Creativity and imitation: effects of regulatory focus and creative exemplar quality . Creativity research Journal, 23: 346-356.

Ross B H, Kilbane M C, 1997. Effects of principle explanation and superficial similarity on analogical mapping in problem solving. Journal of experimental psychology: learning, memory, and cognition, 23: 427-440.

Runco M A, Charles R E, 1993. Judgments of originality and appropriateness as predictors of creativity . Personality and individual differences, 15: 537-546.

Runco M A, Sakamoto S O, 1999. Experimental studies of creativity//Sternberg R. (eds.) Handbook of creativity. New York: Cambridge University Press: 62-92.

Schouten B C, 2008. Compliance behavior and the role of ethnic background, source expertise, self-construals and values . International journal of intercultural relations, 32: 515-523.

Schreier M, Fuchs C, Dahl D W, 2012. The innovation effect of user design: exploring consumers' innovation perceptions of firms selling products designed by users . Journal of marketing, 76: 18-32.

Smith S M, Ward T B, Schumacher J S, 1993. Constraining effects of examples in a creative generation task . Memory & cognition, 21: 837-845.

Stark L, Perfect T, 2008. The effects of repeated idea elaboration on unconscious plagiarism . Memory & cognition, 36: 65-73.

Sternberg R J, Lubart T I, 1996. Investing in creativity . American psychologist, 51: 677-688.

Tobin S J, Raymundo M M, 2009. Persuasion by causal arguments: the motivating role of perceived causal expertise . Social cognition, 27: 105-127.

Ward T B, 1994. Structured imagination: the role of category structure in exemplar generation . Cognitive psychology, 27: 1-40.

Wilson E, Sherrell D, 1993. Source effects in communication and persuasion research: a meta-analysis of effect size . Journal of the academy of marketing science, 21: 101-112.

Wilson J O, Rosen D, Nelson B A, et al., 2010. The effects of biological examples in idea generation . Design studies, 31: 169-186.

Wu S-C, Fang W, 2010. The effect of consumer-to-consumer interactions on idea generation in virtual brand community relationships . Technovation, 30: 570-581.

Zeng L，Proctor R W，Salvendy G，2011. Fostering creativity in product and service development . Human factors：the journal of the human factors and ergonomics society，53：245-270.

Zhou J，2003. When the presence of creative coworkers is related to creativity：role of supervisor close monitoring，developmental feedback，and creative personality . Journal of applied psychology，88：413.

本 章 附 录

附录 4.1：实验所使用的样例

（一）实验一样例展示素材

A. 独特样例——云朵沙发

创意描述：

在云朵沙发上可以让人舒适和放松，柔软的上半部分座位是浮动的，就像一朵云，放在沙发座底部的磁铁与沙发里的磁铁相互排斥，可以将沙发浮在空中。

B. 普通样例——可伸展沙发

创意描述：

平常的时候是一般的沙发，需要睡觉时，打开沙发下面的抽屉，就可以抽出底层沙发，将底层沙发抬高可以与原来的沙发座垫组合成一张沙发床。

（二）实验二样例展示素材

A. 独特样例——围巾时钟

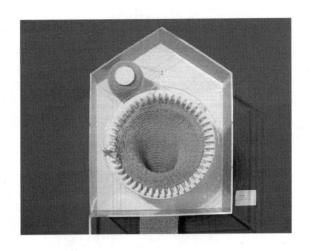

创意描述：

　　它不仅是一款时钟，还有一个神奇的功能——织围巾！这款时钟将指针和表盘与一个针织机相连接，每过一小时，时针走一圈，围巾则增加一圈线，一年之后，它会织成一条长 2 米的围巾，让人体会到时光荏苒的意义。

B. 普通样例——懒人时钟

创意描述：

　　专为赖床不起者设计的时钟。时钟上有一排尖刺，当到达提前设定的时间时，时钟开始闹个不停，如果赖床者想不睁眼睛随意地关闭响铃，就会被尖刺弄醒。除非赖床者能清醒地爬起来，小心翼翼地从尖刺中找到关闭响铃的开关。

附录 4.2：实验所使用的量表

独特性量表（5 点量表）（Franke and Schreier，2008）

1、该样例很独特

2、该样例非常特别

3、该样例不同寻常

专长性量表（5 点量表）（Ohanian，1990）

该样例的设计者：

1、不是该领域专家/是该领域专家

2、专业知识不丰富/专业知识丰富

3、该领域设计的经验不丰富/对该领域设计的经验丰富

近距离与远距离类比（Dahl and Moreau，2002）

对被试的类比进行编码，与所展示样例的表面特征直接相关的类比界定为近距离类比，而与样例不直接相关的类比界定远距离类比。

本领域问题与外领域问题（Dahl and Moreau，2002）

对被试的类比进行编码，本领域问题指与所展示的他人样例在同一领域的问题，外领域问题指与样例不属于同一领域的问题。

第五章　顾客的组织社会化：服务人员—顾客关系形成的社会化过程

第一节　概　　述

如今，市场营销的焦点已经从如何将产品卖给顾客转向如何更有效地为顾客服务。Vargo 和 Lusch（2004）提出了服务主导的逻辑，很好地诠释了服务市场的本质。他们提出企业应当将顾客看作永远的合作生产者，服务应当遵从顾客导向和关系导向，其目的是通过服务使顾客建立起与服务组织及员工的长期关系，并在长期关系中与服务人员共同创造价值。

在现有文献中，大量研究关注于顾客与服务组织之间的长期关系（Palmatier et al.，2006），如权利、嵌入、控制、信任等概念成为关系营销中的热门词汇。但这些研究往往聚焦于服务人员在组织层面对顾客的影响，却较少研究在服务接触中，服务人员与顾客之间的人际交往是如何影响顾客关系形成的。

然而，在众多以人际接触为主导的服务部门中，如保险和金融服务业、医疗服务业、美容美发业、娱乐服务业等，一线服务和营销人员与顾客的个人关系显著地影响了企业的服务绩效。以保险业为例，中国质量协会、全国用户委员会发布的保险行业顾客满意度调查结果表明，2011 年保险业顾客满意度指数仅为 76 分，63.7%的被访者不愿意继续购买保险产品。究其原因，顾客对保险业最不满意的地方表现在对保费价格及理赔过程的不理解，以及对保险业务人员素质低、服务差的报怨。在顾客认为需要改进的问题上，服务水平位列第一[①]。王海忠和赵平（2005）的研究也表明，中国保险公司售后服务是影响顾客信任及满意的重要因素。毋庸置疑，在保险服务营销人员与顾客之间建立长期良好的个人关系是当前中国保险业改善服务质量、增进顾客对保险业的理解、提高顾客满意和忠诚的重要途径。

与组织层面的关系影响机制不同，服务人员—顾客的关系建立过程可以理解为一种社会化过程，即服务人员通过与顾客的人际互动，使顾客形成对这种互动的角色关系以及对该关系的社会意义的理解与认识（Evans et al.，2008；Ahearne et al.，2005）。在此过程中，顾客受到服务人员的影响，理解和接受关系中的角色和

[①] 资源来源：中国新闻网 http://finance.chinanews.com/fortune/2012/03-21/3761791.shtml。

身份意义后，才可能真正建立与服务人员的关系。因此，本研究聚焦于探索和检查服务人员—顾客之间关系形成的社会化过程，以社会化理论为框架，识别与关系社会化过程相关的核心构念，并在理论上分析和阐明核心构念之间的关系，以形成对关系社会化过程的理论构建。

我们通过选择和收集来自保险服务业的调查样本，对本研究的理论框架进行实证研究。选择保险服务业进行调查的原因有三点。第一，由于保险业的产品创新受到国家金融政策的约束，国内保险业的业务种类同质化较为严重，因此，其竞争优势的形成更多地取决于顾客服务，这使得保险业务人员的服务水平以及与顾客的关系对于企业经营而言十分重要。第二，保险服务行业是较为典型的人际服务接触行业，在整个服务过程中，从业务咨询、签单、缴费到签保、理赔等活动，每一项都离不开保险业务人员与顾客的人际互动。第三，保险服务具有持续消费的特点，因此为研究服务人员与顾客之间的持续社会互动活动提供了情境基础。本研究将为我国保险业改善服务绩效提供理论依据和实证支持，其研究结论也可期推广至其他人际接触型服务组织，以促进企业更好地理解与建立服务人员—顾客关系。

第二节　服务人员—顾客关系与服务绩效

一直以来，服务企业都面临一个不可回避的困境。一方面，随着服务中顾客参与的日渐普遍与关系营销策略在市场中的广泛应用，如何与顾客建立并保持关系，日渐成为企业面临的重大问题；而且，关系也会源源不断地为企业带来可观的利益（如顾客满意与顾客忠诚）。另一方面，关系带来的绩效却带有很强的不确定性，关系对于绩效的影响一直难以捉摸，甚至有学者指出，关系之所以成为企业不可模仿的竞争力的根源，正在于其难以管理。因此，与顾客建立并保持关系同时具有强引力和高风险，企业应该何去何从呢？这就需要我们回答一个基本问题：服务人员—顾客的关系如何产生绩效。

服务市场中的许多现象都表明：关系带来的绩效具有不确定性，关系对绩效的影响难以捉摸。同时，服务中的关系也难以管理。具体表现在以下方面。

第一，顾客参与不一定会产生好的绩效，顾客参与存在诸多弊端。在顾客参与的消极影响方面，学者提出，对于公司和顾客来说，高度的顾客参与可能会带来总体的高成本，包括货币成本和非货币成本，如时间、精力和其他的精神投入成本等（Heskett et al.，1994）。此领域的研究结论大体划分为三种。①顾客参与可能增加服务任务本身的不确定性。因为顾客可能并不了解提供的服务或是他们在服务经验中应当承担的角色，所以顾客参与使得服务任务难以管理并且要求服务提供商针对一系列不确定性的问题及时做出反应（Ennew and Binks，1999）。当顾客努力在开发任务中变得至关重要时，合作生产的任务就会变重。因为若想要推动开发进程进入下一个阶段，生产者和顾客就必须解决他们视角不同带来的冲突（Watson，2014）。②服务提供商可能会面对组织与顾客对于服务的要求与期望的不兼容，进而导致服务提供商的角色冲突（Tubre and Collins，2000）。当顾客的期望超出了服务提供商的能力时，这种角色冲突就会出现，因为组织对于顾客角色的期望与顾客本身对自己角色的期望可能是不同的。并且角色冲突也可能由公司政策与顾客期望的不一致引发（Ford et al.，1975）。③顾客参与也可能带来错误的信息。例如，在顾客参与产品开发方面，有些学者认为，在突破式创新项目中，顾客很难对项目创新起到推动作用（O'Connor and Veryzer，2001），而且顾客的短视对企业的创新能力来说或许意味着一场灾难（Christensen and Bower，1996）。以往的研究结果已经证实了这种顾客参与的消极影响（Chan et al.，2010）。

第二，服务人员一味的顾客导向（关系导向）也不一定带来顾客满意或业绩的持续增长。当顾客提出不符合实际的意见或是提供了错误的信息时，如果服务人员依照顾客导向顺应了顾客的要求，就很容易导致任务失败。这种情况下，尽管服务失败的结果本身是由顾客的错误导致的，但顾客可能会因为自我服务偏见，自尊维持（Sedikides et al.，1998）等原因仍旧归咎于服务提供商，因为服务提供商作为专业人士没有坚持自己的意见或是没有指出顾客的错误；而且，尽管有时顾客真的归咎于自己，但是他们也可能会认为这种服务失败是不可避免的，尽管他们没有怪罪服务提供商或表达任何不满，但是他们仍旧会终止服务关系（Nikbin et al.，2015）。

第三，关系带来的绩效具有不稳定性。有的顾客互动关系可以带来更高的绩效，有的互动却不能够带来顾客忠诚。有学者指出，尽管在拥有多种因素的复杂互动关系中，会产生市场能力，但这种能力是十分脆弱的。此外，投资建立密切的关系并不是对所有的市场、顾客与企业都适用。有些顾客只希望快速地交换产品与服务，并没有更多的期待。而且，因为密切的关系需要大量的资源投入，所以不是每一位顾客都值得投资。也有关系营销领域的学者认为，市场关系能够带来的可持续的竞争力，正是因为他们难以管理。

但与此同时，服务中顾客参与关系营销的普遍性与重要性却使企业难以回避这些不确定性。

首先，服务的性质决定了服务人员—顾客关系的普遍性与重要性。市场关系的核心是一种价值的交换过程，即使在最短期的关系中，双方都会进行某些价值的交换。服务接触中的交换既包括经济利益的交换也包括非经济利益的交换（如社会利益），而关系营销的本质就是一种社会意义的交换，很多对于非盈利机构的研究也已经证实了这一点。

与有形产品不同，服务是在生产的同时被消费的。这种生产与需求即时性意味着服务的购买者会自动参与到服务的生产与传递过程中。服务的特殊性质从本质上要求顾客更多地参与到服务过程中，无论是主动参与还是被动参与。而且随着企业的营销逻辑逐渐由产品为主的逻辑转化为服务为主的逻辑（Vargo and Lusch，2004），越来越多的企业开始鼓励顾客参与到服务过程中，希望借此拉近顾客企业之间的关系，产生更多的经济效益或是给顾客提供更多的体验价值等（Bendapudi and Leone，2003）。

其次，服务主导逻辑（service dominant logic）与关系营销理论主张企业只能提供价值主张而不能直接提供价值，顾客逐渐成为价值的共同创造者（value co-creator）。如今市场营销的焦点已经从如何将产品卖给顾客转向如何更有效地为顾客服务。Bendapudi 和 Leone（2003）以及 Vargo 和 Lusch（2004）提出了服务主导的逻辑，很好地诠释了服务市场的本质。他们提出顾客永远是共同生产者；企业只能够提出价值主张而不能直接提供价值；服务应当是顾客导向及关系导向的。同时，关系营销理论认为，组织应当将利益相关者看作伙伴；要与利益相关者共同创造价值；两者之间的关系能够增加企业的竞争能力（Sheth and Parvatiyar，1995）。此外，关系营销理论也认为，市场交换不仅是分离的交易性质的交换，还是长期的关系发展过程（Dwyer et al.，1987）。

这些主张表明，服务的价值是在服务人员与顾客互动的过程中创造出来的，服务本身就是价值创造的过程。这种价值不仅包括经济价值，也应当包括社会价值。而这种社会价值，则需要依靠服务人员与顾客之间的关系来提供，如自尊、信任、被重视感等（Morgan and Hunt，1994）。而且，关系导向的要求也驱使企业与顾客建立以及维持良好的关系。

再次，顾客参与的积极影响和关系创造的价值对于企业极具吸引力。建立与维持良好的顾客关系是企业索取高回报与提升竞争力的需要。

关系本身就可以为个体带来足够的价值，驱使个体维持关系（Markus and Kitayama，1991）。而随着关系程度的加强，顾客会较少地关心投入的成本，更加积极地维持关系（Brewer and Gardner，1996）。当双方达到合作型交换时，就会产生密切的信息联系、社会联系与过程联合，并带来对于未来长期利益的相互承诺。研究信任的文献表明，随着时间的推移，合作者之间的共同期望会更加匹配，双方也会更加熟悉，这也会带来更加稳定、充满信任的关系（Paliszkiewicz，2011）。这些都将为企业带来可观的价值。

最后，顾客参与的重要性已经得到了广泛的证实（Mustak et al.，2013）。顾客参与可以提高组织的生产能力、改进效率，以及代替员工劳动并且改进服务绩效。对服务供应商来说，顾客参与服务的生产和传递过程还能够带来一系列重要的利益，如经济利益和更多的信息（Bendapudi and Leone，2003）。此外，顾客参与还会对感知服务质量产生积极的影响（Ennew and Binks，1999），同时提高顾客的满意度（Dong et al.，2007）。另外，顾客参与还能够显著提高顾客重购和推荐行为的概率（Manchanda et al.，2015）。而从顾客价值的观点来看，顾客参与可以提高产品的价值；改善服务提供者与顾客之间的关系价值以及为顾客带来体验价值。

由上可知，与顾客建立与保持关系是服务市场发展的大趋势，也是企业必须积极面对问题和取得市场成功的策略。但是鉴于关系对于绩效的影响并不清晰，我们需要回答，服务人员—顾客关系是如何产生绩效的，以及对于顾客而言关系带来了什么价值？

第三节　服务人员—顾客关系形成的社会化过程

许多关于服务人员—顾客关系的文献主要集中在组织层面。在这些文献中，服务人员多数被定义为服务企业或者部门，因此，关于服务人员—顾客关系的研究焦点主要包括两类：第一类主要研究服务型企业或者企业的服务部门与组织顾客之间的关系，其主题包括战略联盟、渠道管理、联合生产、合作创造等研究领域（Palmatier et al.，2006；Cannon and Perreault，1999）；第二类则研究服务型企业或部门与个体顾客之间的关系，其主题包括顾客—组织认同、品牌依恋等研究（Bhattacharya and Sen，2003；Keller，2001）。由于涉及组织层面，这些研究特别强调服务人员—顾客关系的正式结构和组织声誉对绩效的影响，如关系对称性、关系嵌入、关系权利、组织形象、组织身份等核心理论概念是这些研究的重点。

然而，与组织之间以及组织—个人间的交换关系不同，在服务接触中，顾客与服务人员之间的个人关系更多体现为一种私人的社会交往行为而非正式的契约关系，尽管服务人员代表组织的身份和形象，但他与顾客的交往又带有浓厚的个人特征。比如，对保险业而言，顾客在投保过程中会十分注重与保险服务人员的互动过程以及在此过程中形成的对该互动关系的评价。顾客往往将服务人员看作个人化的和情感化的个体而非是个人化的公司代理人（Solomon et al.，1985）。因此，服务人员—顾客之间的个人关系不能简单地处理为实施交易关系的两个主体之间的联系，而需要从社会交往的意义出发来理解关系的形成机制。换言之，顾客对社会交往中人际间关系的理解取决于他们从该交往过程中学习和领悟到的关系意义。个人关系的持续存在依附于人们对关系意义的理解。如果不能有效地理解关系对个人的意义和价值，人们也不会去持续发展该关系（Mittal and Lassar，1996）。

顾客对关系意义的学习和领会活动是一种社会化过程。社会化指个体为了有效参与到社会环境而对社会角色以及与角色相关的行为的学习过程（Ward，1974）。人们在社会互动过程中学习、形成和接受其认为合适的社会身份，并持有与身份相关的信念和态度（Stets and Burke，2000）。

　　社会化理论假定，社会化过程发生在社会化代理人与学习者的社会互动中。社会化代理人是那些在社会化过程中增强学习者行为模式的个体或者机构（Churchill and Moschis，1979）。家庭中的父母、兄弟姐妹，学校中的老师同学，组织中的同事等都可能成为社会化代理人，对个体习得特定的身份特征产生影响。在顾客与服务人员的服务接触过程中，服务人员作为社会化代理人，将自己对服务人员—顾客关系的理解和期望传递给学习者。而顾客作为被社会化者，则在此基础上发展他们自己对于关系情境的理解与定义，并形成对关系的意义解读，将其用于持续地发展关系或者改变关系（Kelley et al.，1992）。

　　尽管社会化理论为理解服务人员—顾客关系的形成过程提供了概念基础，然而现有文献却较少在该理论的基础上进一步厘清这种特定的社会化关系的形成机制。其原因是学者认为社会化理论过于宏大和抽象，因此更多的是一种思维逻辑（Van Den Berg，1998），它可以用来解释多个领域的社会现象（如性别社会化、家庭社会化、组织社会化等），但落实到具体的研究情境中，还需要建构和发展更为具体的概念来检查社会化的策略、机制和结果。

　　基于此，本研究试图在社会化理论框架的基础上，针对服务人员—顾客关系的具体研究情境，来进一步探索该社会化过程中的核心概念，以建立可用于实证检验的研究框架。根据研究的目的，本研究聚焦于"关系的社会化过程"，即通过社会化塑形关系的过程。如图 5-1 所示，在社会化理论的基础上，我们将研究的重点放在与社会化策略、中间机制和结果相关的关系概念上，以探索在服务人员与顾客这种特定的关系情境中，顾客是如何在社会化活动中理解和接受关系的。

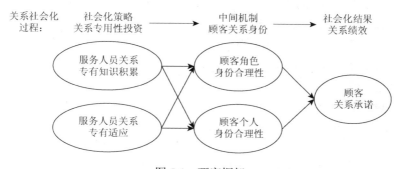

图 5-1　研究框架

　　具体而言，我们认为在关系社会化的过程中，关系专用性投资作为服务人员的一种重要的社会化策略，引导顾客在服务接触中对顾客与自己的特定的人际关系进行学习和理解，从而影响了顾客对关系身份合理性的感知，进而使顾客产生建立长期持续关系的承诺。

接下来，将对上述研究框架中所使用的两个基本理论——关系专用投资理论和关系身份理论进行介绍，以为后续的研究假设建立理论基础。

第四节　理 论 基 础

一、关系专有投资理论

（一）关系专有投资

首先介绍关系专有投资的定义，并基于已有的研究讨论关系专有投资的动因与分类，并在此基础上提出我们的分类。

1. 关系专有投资的定义

关系专有投资（relationship-specific investment）也称作关系专有资产（relationship-specific asset）、关系专有性（relation specificity）、关系租金（relational rent）等。这是从不同的视角与研究目的出发给予它的不同称谓。交易专有资源（租金）来自于交易伙伴相互的资产专有化（Madhok and Tallman，1998）。资产专有性指的是投资的价值与保持特定的关系相一致（Peteraf，1993）。

2. 关系专有投资的动因

对于关系专有投资动因的解释可以分为三个板块。①经济学解释：其中主要有交易成本理论，提出关系专有资产可以降低交易成本；以及企业资源理论提出的提高企业竞争优势。②人际关系：主要有人际依赖理论，研究认为感知的依赖性会影响关系专有投资四个维度的投资决策与程度，包括物质资产专有性、人力资产专有性、地点专有性、衍生资产（伴随资产产生的）。③对于渠道治理与战略联盟的文献也对关系专有投资进行了解释，认为它是企业间信任与互倚的结果（Murray and Kotabe，2005；Johanson and Mattsson，1987；Cook and Emerson，1978）。

此外，还有学者认为，关系专有投资的目的是寻求两项额外的经济价值：一是与合作伙伴的项目间的溢出效应，它能够带来生产率提高；二是与其他交易伙伴的项目间溢出效应，它能够提高与其他公司的议价能力（如知识、产能提高、公司信誉、背书效应等）。

3. 关系专有投资的分类

对于关系专有投资的分类，以往的研究主要有以下几种观点。①按照投资可撤销与否分为两种关系专有投资：可撤销的投资（reversible investment）和沉没成本投资（sunk-cost investment），这是基于经济学研究与会计成本核算提出的划分方式。②Williamson（1985）将资产专有性划分为四个类别：地点专有性、物质资产专有性、人力资产专有性与衍生奉献资产专有性（首先提出三种，后又追加一种）。虽然 Williamson 没有明确地提出划分的依据，但我们可以看出，这是根据关系专有资产的物理属性做出的划分。③根据关系专有投资是否有形，可以分为有形资产专有性和无形资产专有性。④另外，也有学者（Kwon，2009）根据自己的研究需要，将关系专有资产划分为相互理解、相互适应调整、联合努力，但并没有提及划分的维度。

由于对于关系专有投资的划分多是为了切合不同的研究需要，并没有可以使用服务接触研究的权威划分，所以我们借鉴社会化理论中的研究结论，将服务接触的社会化过程结果划分为已得的知识与相互适应调整，即关系专有知识与关系专有调整。

（二）关系专有知识

1. 关系专有知识概述

研究社会化有两种模型：社会学习模型与认知发展模型。两者都把知识当作社会化的结果。关系专有知识是指关于如何针对不同个体做出反应的默会知识，它对于解决当下的难题以及决定未来的预期都至关重要。服务主导逻辑强调知识作为可操作的资源的重要性。Mokyr（2002）认为知识可以划分为两部分：抽象与通用的主张性知识（propositional knowledge）；以及通常被成为技术的规定性知识（prescriptive）。顾客在价值创造过程中的知识不应仅仅建立在对如顾客满意度等硬性数据的分析测量之上，还应包括对于顾客经历与过程的深入理解。Slater和 Narver（2000）的研究检验了知识生成对于产生高的顾客价值的重要作用。他们提出了四种不同的知识生成类型：市场知识生成、合作知识生成、实验知识生成以及经验性知识生成。而不同的知识生成类型都会带来不同的绩效与结果。知识拥有不同程度的专有性、复杂性、默会性以及积累性。

知识通常也是默会与隐性的（Nonaka and Takeuchi，1995）。Pereira 等（2012）的研究发现，组织拥有关于顾客大量的默会知识。但多数有关顾客关系的重要知识与技术都是默会的与分散的。它是属于个人的，非系统的并且十分难以正式化。它是由认知图示、心智模式、信念、价值观以及经验等组成的。默会知识在科学与技术的发展中承担了重要的作用。由于市场中的默会知识是不可得的，如果受到恰当的激励，那些拥有默会知识的人，能够承担转移与传播它们的战略责任。

默会知识与显性知识不同，后者指的是正式的和易于理解的，通常以信息的形式呈现；而默会知识通常是关于具体技术与做法的。这是因为默会知识通常是隐性的，并且分散在不同的个体之间。因此，默会知识带有很强的质性特点（Alwis and Hartmann，2013）。由于它不以显性的形式呈现，默会知识通常也不易转移（Castillo，2002）。因此，Audretsch 等（2005）认为，默会知识的传播需要人际接触与沟通。

默会知识主要存在于顾客与服务人员之间。在知识创造过程中，与以往基于市场的系统不同，默会的、企业专有的以及关系专有的知识通常需要在基于关系的系统中不断积累。事实上，知识的创造与创新是每位雇员的责任。他们在关系专有知识与技术上投资甚多，这些已经深深地根植于他们的数据库、日常事务以及操作程序之中了。他们还重组了组织的生产过程并削减了功能（Lam，2000）。

2. 关系专有知识功能的研究

而对于关系专有知识的功能研究上，人际关系领域的学者在研究婚姻关系时指出，关系专有知识的结构与性质是隐性的，因为它们只有在特定的环境下才可以激活。一旦被激活，它们将会影响伴侣的行为以及他们对对方的回应。伴侣越是能够在早期的婚姻中理解对方的视角，在冲突出现时，就会越倾向于支持（Neff and Geers，2013）并且也会有越高程度的婚姻调整，例如，共同决议、连贯性与满意（Lipkus and Bissonnette，1996）。与此同时，营销学的研究者则提出，这种知识专有性也代表了一定的技术进入壁垒，可以提高企业的竞争能力（Hilmersson and Jansson，2013）。

（三）关系专有适应

1. 关系专有适应概述

适应的概念最早来自于生物学，指的是生物适应生存环境的过程。之后它被用于多个领域的研究与解释，例如，人类文化生态学中，用来解释社会单元与大环境的互动，组织理论中解释组织环境接口与行为理论，国际营销中解释本土化现象，或者解释商业关系中供应链的问题等。

而对于关系专有调整的解释理论主要有三种：第一种是 Williamson 的交易成本成本理论（Heide and John，1992；Anderson，2008），认为关系专有调整可以降低交易成本；第二种是代理理论（Eisenhardt，1989），认为关系专有调整的投资是一种代理需要；第三种是社会交换理论（Dwyer et al.，1987；Hallen et al.，1991），认为它是一种社会交换的结果。

2. 市场营销中的关系专有适应研究

我们首先介绍商业关系中的采购关系对关系专有适应的探讨。关系专有适应是指那些为了对过程、产品或程序做出适应而进行的改变与投资（Hallen et al.，1991），它的目的是适应交换对方特殊的需求或适应对方的能力。适应调整包括任何为了合作条款或结构进行的调整与改变，例如，为了应对变化的市场条件或伙伴公司的战略需要做出的改变等（Heide and John，1992）。调整适应来源于想要协调个体及公司之间活动的需要（Selnes and Sallis，2003）。Cannon 和 Homburg（2001）进一步深化了关系专有适应的概念，把它细分为两个方面：一方面是为了适应顾客短期需求存在的灵活的规则与政策，称为灵活性（flexibility）；另一方面是建立新的政策或进行投资，例如，顾客定制产品或例行事务的设置，称为适应调整（adaptation）。其中，适应调整是指供应商为了适应特定顾客的需求做出的投资调整及针对规则和程序做出的永久性改变。通过适应调整，供应商能够创造出依赖，使顾客做出转换的成本更高。Gulati 等（2008）用关系专有适应表示制造商针对顾客特定需求做出的调整。他们还细分了关系适应调整（relational adaptation），包括产品的顾客定制（customization）、生产产能调整（production capacity adjustment）、库存（stockholding）或运输时间的修正（delivery schedule modifications）；并分别探究了这些调整对于组织绩效的影响，包括组织灵活性的上升以及销售人员角色的显著等。在市场中，组织的关系专有适应可能包括两个层次。一是过程整合，在伙伴双方联合设计与管理自己的生产过程时，会产生强烈的联系。这还可能会产生订单履行过程的密切协作以及团队的联合。很多企业与他们的顾客及供应商一起，在新产品开发早期进行联合投入，更加完全地共享信息并进行整合。二是与顾客共享的理解，它们已经学会了与顾客建立亲密的、互倚互利的伙伴关系，甚至为他们量身定做产品与服务。

3. 人际关系中的关系专有适应研究

在婚姻关系与新成员社会化的研究中，也涉及了关系专有适应的讨论。首先，个人适应是指个体在变化与不确定的工作情境下，为了使自己的行为与新的工作要求匹配而做出的改变（Chan and Schmitt，2000）。Hart（1952）关于人际行为的研究表明互动是参与双方彼此努力实现目标以及交换资源的过程。人际调整的解释机制是信任与权利（Pfeffer and Salancik，1978）。基于资源依赖模型可以研究新员工的调整，它的结果可以分为负面的结果和积极的结果，其中，负面的结果包括角色模糊、角色冲突、离职倾向；正面的结果则包括工作满意与组织承诺（Ashforth and Saks，1996；Saks et al.，2007）。其次，要了解婚姻关系需要理解一系列相互联系的因素（Murstein and Beck，1972）。婚姻调整是长期中夫妻双方试图适应对方发生的。这些调整会伴随整个婚姻过程，它们的成功与否可能不同，因此，产生的亲密、满意与稳定性也会不同。

伴侣双方倾向于根据对方的反应修正自己的行动。这种联系双方互动与行为的双箭头表明婚姻伙伴会随着婚姻经历发生变化（Gallo and Smith，2001）。婚姻中的互动包括一系列显性的和主观的事件与行为。夫妻双方是互倚的，例如，伴侣一方的言语和行动会影响另一方，其中包括了即时的和长期的影响。这种影响是婚姻调整的重要部分。

二、关系身份理论

（一）身份理论

1. 身份理论简介

通过符号化过程，即外在物体变为另一个内在或隐藏物体、观点、个人或是复杂结构的外在表现，会产生身份。身份是一种可商讨的以及社会构建的现象；此外，身份也是一种自然涌现而非计划与管理的现象。

身份理论关注自我、个人角色、社会以及角色表现之间的联系。身份理论是微观社会学视角的理论，它检验了人们与身份有关的行为（Stets and Burke，2000）。它将自我与社会结构之间的关系看作进一步了解社会行为的关键（Tajfel and Turner，1986）。研究认为角色理论能够为交换行为提供更好的解释（Burke and Reitzes，1981）。

身份是指自己或他人赋予特定个体的多种意义，并且它通过身份所指的关系嵌入在社会环境之间（Stets and Burke，2000）。根据身份理论，身份通常是与一系列结构性的角色相关联的（Howard，2003）。社会身份理论认为，身份指的是组织中人们共享的以及不同组织间不同的那部分内容（Hogg and Terry，2000）。当个人拥有一个身份的时候，这就意味着，他了解自己在社会关系中的位置以及自己的参与活动和伙伴关系。当他人将个体看作社会环境中的客体，并赋予他与他自我定义的身份一样的意义时，就形成了个体的身份（Ellemers et al.，2003）。这里的身份大概念与米德定义的宾我概念很接近，自我是与他者相联系的客体。身份与个人社会生活中的经历密切相关。拥有身份意味着与他人的联系或分离。因为，身份表明参与者是结构化的社会关系的一部分，它们可以归因于位置指派或被关系的参与者所接受。

2. 身份的组成与分类

关于身份的组成与分类，已有的研究主要有以下几种观点。①学者区分了持续性的身份（不随时间变化）以及连续性的身份（之后需要解读或意义会发生改变）。②有学者指出，身份最起码拥有两重意义，即个人身份，包含一系列个性与个人特点的集合；社会身份，包含成员划分（Ellemers et al.，2003；Turner，1975）。③尽管学者已经对不同类型的社会自我做出了区分，但最有启发意义的是 Brewer 和 Gardner（1996）对集体自我与关系自我及个体自我的划分。④根据 Brewer 和 Gardner（1996）对于身份认同过程的研究，自我概念是一种多重的概念，它由三部分基本的自我定义组成：作为个体的自我、人际的自我以及作为组织成员的自我。这三种不同的自我定义代表了不同的身份导向，每一种都有自己的社会动机、不同类型的自我知识以及自我价值的来源。每一种身份导向都有一种特殊的动机：自我提升、与伙伴之间的关系以及群体的利益。其中，个人自我与独立自我相关，而关系自我与集体自我则反映了一种互倚的自我。⑤Hogg 和 Terry（2000）提出了四种身份：基于个人的身份；关系身份（基于角色的身份）；基于群体的身份；集合身份。而组织身份研究的成果表明，存在三种对于身份的理解即组织身份、组织中的人际身份、个人对于组织的认同。

总结这些学者的观点，两分论强调了内在与外在；而三分论和四分论则区分了更加精细的层次。它基本上把身份按照微观、中观、宏观划分为三个层次，即自我身份（强调个体特性），人际关系身份（强调互动结果），集体身份（强调集体的影响，如社会、团体等），后两者是外在世界投射到个体心中的反映，是通过个体对于意义的解读构建出来的。

3. 身份的等级与显著性

个体可以同时感知到好多的身份，这些身份是按照一定的等级序列排列起来的，为了描述它，学者提出了显著性的概念。身份理论将显著性定义为情境下身份被激活的概率（Stryker and Serpe，1994）或消费者身份被激活时短暂的状态（Forehand et al.，2002）。Oakes 和 Turner（1986）认为显著性是可得性与适合的结果。可得性指的是个人认知中给定的类型可能被激活的程度。适合指的是已有的类型与感知环境之间的匹配程度。而社会身份领域的学者最初用显著性指代情境中被激活的身份（Hogg and Terry，2000）。因此，显著性不是指身份的重要程度，而是一系列身份中被具体情境激活的身份的状态。

身份理论认为有些身份更具有自我相关性或显著性。因此，身份被依照等级组织了起来。那些在等级中占有重要地位的身份将为自我提供更多的意义，因而也更会激发角色相关的行为（Laverie and Arnett，2000）。此外，这些身份之间也常常会发生竞争。Ahearne 等（2005）提出，身份认同不仅仅是个人与组织之间的双边关系，或是独立于其他组织的，也是互相竞争的动态过程。身份理论试图理解在面对众多可能性时，人们如何以及为何在角色行为之间进行选择（Stryker and Serpe，1994）。

4. 身份显著性与绩效关系的研究

关于身份与身份显著性的研究（包括身份与认同的研究），已经被广泛应用于各个领域，对于个体行为的直接作用与调节作用，对于组织绩效、关系营销成功的影响等。已有研究表明，身份显著性会调节引发关系的因素与身份相关行为之间的关系（Welbourne and Cable，1995）。Laverie 和 Arnett（2000）对于篮球队的研究发现，身份显著性会显著调节三个关系引发因素（情境卷入、依恋卷入、持续卷入）与游戏参与之间的关系。此外，对于身份显著性前因与后果的研究也间接地表明了身份显著性的调节作用（Collero，2008）。因此，身份显著性会在两种情况下承担主要的调节作用：一是社会交换中；二是当个体参与交换时。此外，对于组织来说，与消费者保持长期的关系非常常见。例如，在消费者市场中，身份显著性会显著调节引发关系的行为因素，如互惠性、满意以及关系营销的成功（Reed et al.，2012）。而身份认同理论的研究发现，身份显著性会增加对于身份的认同（Hogg and Terry，2000）。

（二）关系身份

这里，我们首先介绍关系身份的定义与内涵，以及关系身份的组成，接着我们论证了关系身份的特征以及为什么它更适合用来研究服务中的顾客身份。

1. 关系身份的定义与内涵

符号互动主义者认为角色是社会构建的。尽管社会身份理论的相关文献并没有对社会认同如何出现做出解释，有关组织社会化的文献却表明在符号互动中情境定义与自我定义都会涌现（Johnson et al.，2012；Reichers，1987）。符号互动理论认为，意义并不是事先被赋予的，而是在语言与非语言的人际互动中进化涌现的。关系身份是个体对于角色关系的定义。在履行角色身份时，个体在人际环境中同时履行了基于个人的和基于角色的身份，也就是说，关系身份是整体性的（Ashforth et al.，2011）。

这与 Markus 和 Kitayama（1991）在研究文化差异下的自我构建时所定义的互倚自我的概念高度吻合。关系身份包括职业角色关系（如医生—患者，老师—学生）、家庭关系（父母—子女，兄弟关系）以及亲密的人际关系（友谊关系）。当互动个人之间的人际关系网络包括群体关系时，这种分类也包括了群体身份，例如，家庭、工作团队以及社会团体等；互倚自我概念；外部的、公共的特征，如地位、角色与关系；归属与适应；合适位置的占据以及合适的行为；间接沟通及对别人的解读。

　　角色理论中的符号互动学派认为角色的意义、角色关系以及它们履行的方式是通过互动、观察、磋商、反馈等社会过程构建出来的（Stryker and Macke，2003）。同时，符号互动学派也对身份理论做出了补充（Stets and Burke，2000），认为角色是会构建的自我中最重要的因素（Sluss and Ashforth，2007）。关系身份包括Brewer 和 Gardner（1996）所提及的三个层次的自我。基于角色的成分来自于集体层次，它主要关注原型角色。基于个人的成分来自于个人层次，它主要指个人在履行角色身份中独特的方式（Sluss and Ashforth，2007）。

2. 关系身份的组成

　　关系身份由四部分组成（Sluss and Ashforth，2007）：个人在角色关系中的角色身份与个人身份；他人个体在角色关系中的角色身份与个人身份。基于角色的身份指的是与角色相关的目标、价值观、信念、规则、互动形式以及时间感念等（Ashforth，2001），它与谁来执行这一角色无关。基于个人的身份指的是在履行基于角色的身份时的个人的特质。在个体履行角色之前，角色都是高度抽象的。因而，就算在最极端的情境下，个体还是能够在执行角色身份时加入自己的维度，赋予自己的需求与喜好。

　　关系社会身份是相互依存的，因为个人的特质与行为都依存于他人的行为与对于关系角色的预期中。即使是高度固定的社会角色也会在某种程度上对特定他人的特点、需求与技术做出调整。因此，关系身份反映了社会准则与预期对自我概念的影响，他与特定的角色、特殊的社会位置以及角色所处的特殊的人际关系密切联系。因为没有两个个体是完全相同的，所以也就没有两种角色履行是完全相同的（Ashforth，2001）。因而，基于个体的身份塑造了基于角色身份的履行。而这些基于角色的身份与基于个人的身份相互影响，因此，关系身份不仅仅是两种身份的简单加和。

　　对于角色身份来说，意义部分来自于文化及社会结构。在这种环境中，社会化过程赋予了他们期望。但是，个人也可以将他们自己的理解带入角色身份以便创造意义。由此，与角色身份相关的意义既是共享的也是特殊的，而意义则需要与他人磋商互动，他人可能拥有对角色身份意义完全不同的理解。无论身份意义是什么，他们都与个体的角色行为相关。也就是说，他们是角色身份意义与角色行为之间的对应（Burke and Reitzes，1981）。

　　关系自我是根据与重要他者之间的联系与角色关系来定义的（Cross and Madson，1997；McGuire et al.，1986；Markus and Kitayama，1991）。关系的自我拥有重视人际联系、亲密关系以及互倚性的心理倾向（Leary and Baumeister，2000）。

　　很多年来，人格理论的学者也一直关注社会化与自我之间的联系。情境定义与自我定义是相互交织的。对于个体是谁，在哪里，以及别人对他的期望的感知是互补的。在复杂的组织中，社会划分的普遍性表明社会身份很大程度上代表了个体在组织情境下的自我定义。

3. 关系身份的特征

关系身份具有高度的互倚性特征。在互惠关系角色的身份认同中，双方的角色是依靠彼此来定义的（Anderson and Chen，2002）。此外，多种社会场景下的研究表明，个体通常为了博得他人的认同以及更好地实现别人认同的自我而努力，并且试着利用互动来帮助自己实现社会自我（Ashforth，2001）。关系身份是个体角色关系的本质，例如，经理—下属关系或共事者关系。这代表了角色扮演者如何与他人一起履行自己的角色。如上所述，角色的本质是关系的，可以通过网络中的互倚角色来了解它的本质。确实，是关系身份将关系网络中的角色与角色扮演者整合到了社会系统之中。有的研究也证实了，组织情境下的自我定义至少可以部分预测关系网络中的互倚角色。例如，Pratt 和 Rafaeli（1997）发现护士会根据患者的类型选择制服。

4. 关系身份小结

关系身份是处于人际层次的概念，它具有三重含义。第一，它是个人层次的个体自我与处于集合层次的群体自我之间的一个借口，基于角色的身份与基于自我的身份同时在具体的人际情境中被激活，两者不是割裂的，关系身份整合了两者。第二，关系身份具有整体性特征，基于角色的身份与基于自我的身份与关系身份的关系是一体两面的关系，不是简单的加和与组成。第三，关系身份需要具体的情境来激活，产生身份显著性。

在两者个人的绩效息息相关之时，就会产生人际互倚，在互惠关系角色的身份认同中，双方的角色是依靠彼此来定义的（Fiske and Neuberg，1990），这高度切合了服务接触的具体情境。因此，我们认为关系身份更能够把握服务关系中顾客身份的本质。

在接下来的篇幅中，我们将在社会化理论框架的基础上，分别对关系专用性投资、顾客关系身份及关系绩效之间的关系进行分析，在此基础上提出研究假设并进行实证检查。

第五节　研　究　假　设

一、关系专用性投资

社会化策略指社会化代理人通过什么样的方式来与被社会化者进行社会互

动，以达成社会化内容和目标的行为（Van Maanen and Schein，1979）。保险服务人员通过建立和管理与顾客的一对一关系，来实现顾客忠诚。在服务接触中，服务人员对顾客关系的专用性投资是一种重要的社会化策略，这种针对某一特定关系的专用性投资有助于建立一种差异化的、能更好地与被社会化者相匹配的关系情境，从而促使社会化学习过程持续有效地展开（Cousins et al.，2006）。

关系专用性投资指交易伙伴通过针对特定关系进行投资来确保投资的价值与保持特定的关系相一致（Jap and Ganesan，2000）。尽管自关系专用性投资的概念提出以来，学者对此产生了深厚兴趣，并围绕其进行了大量研究，但是这些研究主要将关系专用性投资视作一种经济行为而非社会行为，强调专用性投资对关系结构（如权利对称性）以及经济效益的影响（Heide and John，1990）。

然而，在个人层面关系中，关系专用性投资更多地是一种社会行为，而非经济行为。这是因为个人关系是情感化的、私人的、非正式的，过多强调经济目标的行为反而会损害个人间关系的本质（Gremler et al.，2001）。因而本研究将从社会行为的视角来理解作为有情感、有自主意识的个人参与者而非去个人化的组织或组织代理人的顾客对于关系及关系活动的主观理解过程。

根据社会化理论，关系专用性投资作为一种社会化策略，其作用在于引导和推动被社会化者形成对特定关系的认识与理解。它主要通过两种方式产生作用：关系专有知识积累和关系专有适应。关系专有知识是指关于特定个体以及对其关系的默会知识，它对于解决当下的难题以及决定未来的预期都至关重要（Joshi and Sharma，2004）。在保险服务过程中，关于顾客关系的知识不仅建立在对如顾客满意度等硬性数据的分析测量之上，还包括对于顾客经历与过程的深入理解，比如，顾客对保险产品的了解程度、消费历史以及对保险服务的态度等。而这些与特定顾客的交往经历以及从交往经历中抽取的顾客性格、消费习惯及反应预期等知识往往是隐默的、难以言传、直觉化的，它由认知图示、心智模式、信念、价值观以及经验等组成（Payne et al.，2008）。并且，它是专用于个人的、非系统的，并且十分难以正式化。服务人员对有关顾客以及顾客关系的特定知识的积累和储备，将使顾客感到一种强烈的特别联系（Morris and Feldman，1996）。这种私人化的知识加深了顾客对于该特定关系的理解。

在保险服务过程中，关系专有适应指为保持关系双方匹配和谐而做出的改变，它强调根据对方的反应修正自己的行动（Bettencourt and Gwinner，1996）。根据社会化理论，这种以人际关系建立为导向的活动强调关系适应的目的是实现关系的保持和关系的体验价值，而非达到其他经济目的（Sweeney and Soutar，2001）。关系专有适应会使顾客将服务人员的关系投入视作建立关系的诚意（Gremler et al.，2001），或者将其看作匹配特定关系的角色行为（Auh et al.，2007），从而增进了顾客对关系意义的理解和接受程度。

二、顾客关系身份

在成功的社会化过程中，顾客逐渐形成和接受与关系情境相关的身份及其特征，即关系身份。关系身份指个人对其在特定关系中的角色及角色意义的认知（Sluss and Ashforth，2007）。服务人员开展关系社会化活动的目标是要通过社会互动促使被社会化者接受关系身份，即认为依附于特定情境的关系身份是合理的。当顾客接受了其认为合理的关系身份后，他们会形成对关系的持续意愿（Lawler and Yoon，1996）。

顾客对自己在一种特定关系中的身份的理解包括两个内容：关系的角色身份和关系的个人身份（Sluss and Ashforth，2007）。关系的角色身份（role identity）指顾客对在特定关系中与角色相关的目标、价值观、信念、规则、互动形式等的理解（Ashforth，2001），它与由谁来执行这一角色无关，反映的是顾客对特定关系中角色位置的理解。保险产品的消费者在与服务人员的互动过程中，逐渐形成了有关自己在该人际关系中应当承担的角色、责任和权利的认识，这就是角色身份。然而，在具体的角色身份履行过程中，顾客会为角色身份赋予自己的个性与喜好，比如，保险消费者除了意识到自己在投保过程中的角色身份，还希望这种身份与自己的个性和价值观是相符合的，因而能够让关系方正确地理解"我是一个怎样的人"。因此，关系的个人身份强调个体在履行关系中的角色身份时所展现的个人特质（Ashforth，2001），它反映了顾客将个体特征与关系角色进行结合的理解。关系个人身份的确立则使顾客清楚自己在服务关系中是如何被他人理解的，反映了关系的情感和符号价值。而关系角色身份的确立使顾客理解和接受自己在该服务关系中应该做些什么，其反映了关系的功用价值。

社会化理论的观点认为，关系身份是高度情境依赖的，即顾客对关系身份的理解依赖于服务人员对关系角色的理解和预期。因此，关系身份反映了他人价值观、行动与预期对自我概念的影响，它与特定的角色以及角色所处的特殊的关系情境密切联系（Gelfand et al.，2006）。研究医患关系的学者认为，专家能够积极地影响与塑造信息环境和患者的角色（Dellande et al.，2004）。服务人员关于顾客的特定信息与知识越多，就越能帮助顾客理解自己在关系中的角色并履行角色（Goodwin，1988）。因此，在保险服务人员—顾客关系形成的社会化过程中，保险服务人员的关系专有知识积累有助于顾客正确理解自己在该关系中需要执行的角色任务及相关的角色预期。保险服务人员对某一顾客的风险偏好、保险知识、投保历史、特别需求等专有信息的了解越多，顾客越相信保险人员具有与自己个人需求相匹配的知识，即认为保险服务人员能够将来自企业的产品专业知识与对自己的了解相结合，从而促使顾客愿意接受关系中的角色任务，使顾客自觉学习和遵从服务人员传递的角色预期，以实现关系的功用性价值。另外，服务人员的关系专有知识积累是一种不可撤销的专有投资，即对顾客的特定信息只有在该关系存续时有效，离开了关系，这些专有知识无法应用于其他顾客，其投资也无法收回和撤销（Batt，2002）。关系专有知识的不可撤销特征增加了顾客对服务人员的关系诚意的感知，促进了服务人员与顾客的有效交流，增加了顾客对关系角色身份合理性的认知。

同样，保险服务人员的关系专有适应活动有助于增加顾客对关系角色身份的理解和接受。保险服务人员根据顾客的反应来调整和修正自己的行动，增加与顾客沟通的双向互动频率，寻找适合的方式来影响顾客。针对不同对象的差异化的沟通将产生有效的沟通效果，使顾客更加易于接受自己在关系中应当执行的权利和义务（Gelfand et al.，2006）。

由于角色关系的互倚性，顾客在关系中的角色身份需要通过其角色关系的对应方（即服务人员）的互补性来体现。服务人员的关系专有适应活动增加了其对顾客角色身份的互补性，使顾客感到其在关系中的角色身份是有价值的、被支持的。顾客角色身份合理性得到证实（Stets and Cast，2007）。

因此，我们提出以下假设：

H1a： 服务人员的关系专有知识积累增加了顾客对关系角色身份的合理性感知。

H1b： 服务人员的关系专有适应增加了顾客对关系角色身份的合理性感知。

如前所述，关系的个人身份反映了人们在角色关系中对"我是一个什么样的人"的理解（Sluss and Ashforth，2007）。由于关系身份是角色互倚的，这意味着顾客的关系个人身份来自于关系中的互倚方（即服务人员）对顾客所具有的与角色相关的个人特征的理解。当顾客感到自己的个性特征与该特定关系是匹配和兼容的，换言之，当顾客认为自己与角色关系相关的个人特质能够真正被关系中服务人员所理解和认同时，顾客在关系中的个人身份合理性得以建立。

社会化理论认为，社会化过程通过协调个体个性和社会整合而确认了个人的身份感（Ethier and Deaux，1994）。在保险服务的接触过程中，保险服务人员对专属于某一顾客的特定信息及知识的获得和积累，促进了该人员对顾客个人特质的深入理解，使得其能够站在顾客的立场与顾客进行交流，在顾客的思想和行为与公司的决策之间寻找协调的方式，为顾客在关系中的角色行为提供心理支持。因而使顾客感到自己的个人特质与该服务关系是协调和匹配的，增加了对个人关系身份合理性的感知。

保险服务人员的关系专有适应则体现了服务者主动适应顾客个人特质的意愿和能力。这种基于特定关系的调整和适应活动使顾客在关系中的自主感和控制感增强，从而加深了顾客感知到自我概念与关系相匹配的程度。

另外，服务人员的关系专有适应增加了顾客对与服务人员相似性的感知，这种相似性通过两种方式带来顾客对关系中个人身份合理性的感知。一是通过改变沟通的意义。当顾客感觉到自己与保险服务人员越相似时，他们越会对交换的信息抱有共同的意义（Homburg et al.，2009），因而顾客感到自己能够被关系互倚方真正理解。二是通过信任和喜欢（Gremler et al.，2001），促使顾客态度形成或发生改变，使顾客倾向于从正面的视角来解读服务人员对个人自我概念的理解和反映。

因此，我们提出以下假设。

H2a：服务人员的关系专有知识积累增加了顾客对关系个人身份的合理性感知。

H2b：服务人员的关系专有适应增加了顾客对关系个人身份的合理性感知。

三、关系承诺

承诺是建立成功的长期关系的必要成分。在商业关系中，关系承诺指人们对关系持续维持的显性或者隐性的保证（Gundlach et al.，1995）；而在社会关系中，关系承诺则更多反映了人们对自己所认同的特定关系的情感依恋（Allen and Meyer，1990）。关系承诺被认为与满意、忠诚、合作等重要的绩效变量相关（Morgan and Hunt，1994）。并且，也有研究者发现，基于情感的关系承诺比只强调持续性的关系承诺产生了更多的公民行为，能做出更多维护关系的行为，较少算计关系给个人的利益，因而反映了个体对关系的内在动机（Shore and Wayne，1993）。

社会化理论认为，人们参与社会化活动的重点在于赋予身份以社会意义（Reichers，1987）。每当人们遇到新的情境或经历，就会受到身份安全性的挑战，这促使人们通过社会互动活动来确认自己的身份，以在社会环境中确定自己的角色位置和增加自我的正面形象（Ethier and Deaux，1994）。因此，社会化过程不仅包括身份的习得，还包括身份的证实。当个体的关系身份的合理性得到证实时，人们对该关系身份所依赖的特定关系的认同和情感依恋会增强。

具体而言，让顾客认为自己在关系中的角色身份是适当和合理的，有助于使顾客根据保险服务人员对角色集合的预期来进行行动，因而增加了保险服务人员与顾客行动的一致性，有利于顾客形成对于关系中人际互动活动的稳定预期，从而产生了关系黏合力，使顾客对关系产生情感上的依附感。

根据社会化理论，为了应对情境不确定下产生的个人身份变化（比如，在一个情境中受到尊重而在另一个情境中遭到责难），人们通过采取确定个人身份的策略来保持自我概念的一致性和稳定性（Stets and Cast，2007）。而顾客对关系中个人身份合理性的确认，将使顾客形成正面的、有利的关系自我概念，从而促使顾客对承载该关系个人身份的特定关系的依附感增强，并产生通过建立长期关系来固定关系身份的意愿，以减少由于环境不确定对自我概念产生威胁的可能性。

因此，我们提出以下假设。

H3a： 顾客对关系角色身份的合理性感知增加了顾客对该特定关系的承诺。

H3b： 顾客对关系个人身份的合理性感知增加了顾客对该特定关系的承诺。

第六节　研究方法

一、研究样本

我们选择了中国中部地区的 4 家保险公司进行调查。这些保险公司在当地有一定的知名度，提供多种类型的保险服务产品。我们采用配对方式来收集匹配样本，即同时向保险业务人员和其服务的顾客双方进行调查。具体方式是，首先在保险公司中随机抽取保险业务人员发放问卷，问卷要求保险服务人员随机提供一个顾客，并根据自己与该顾客的关系来填写问卷，问卷主要涉及服务人员关系专用性投资的内容。然后，我们根据保险服务人员提供的联系方式，与该顾客进行联系，邀请顾客完成另一份问卷，问卷涉及顾客关系角色身份和个人身份合理性感知、关系承诺等内容。调查共向服务人员发放问卷 250 份，向顾客发放问卷 210 份，实际回收的有效匹配问卷为 195 份。

二、测量

根据本研究的定义，关系专用性投资通过关系专有知识积累和关系专有适应两个维度来进行测量。关系专有知识积累包括在服务过程中顾客与服务人员共享的信息，以及互相理解的这些信息的意义，也包括关于特定领域信息的共同记忆。因此，我们借鉴和改编了 Homburg 等（2009）的顾客需求知识量表。关系专有适应主要测量关系一方对另一方的灵活性适应与调整。我们借鉴了 Cannon 和 Perreault（1999）关系专有适应量表项目。

由于现有关于关系身份理论的文献并未提供成熟的测量工具，我们在现有文献与消费者访谈的基础上开发了顾客角色身份合理性和顾客个人身份合理性量表，并且进行了量表信效度检查。顾客关系的角色身份合理性量表测量顾客对自己在关系中应当承担的责任和角色的感知，包括四个项目。顾客关系的个人身份合理性量表测量顾客对服务人员如何看待关系中的自己的理解，包括四个项目。

顾客关系承诺的测量借鉴了 Meyer 和 Allen（1984）开发的情感承诺量表，用来衡量顾客对特定关系的情感依附程度，包括四个项目。此外，为了减少调查中一些其他因素对本研究产生的可能影响，我们控制了公司声望、产品感知价值和关系长度，所有控制变量均采用相关文献中的成熟量表，其测量项目见表 5-2。

第七节　分析结果

一、信度与效度检验

表 5-1 是本研究所涉及主要变量之间的描述性统计和相关系数矩阵等信息。除了关系长度这一变量用顾客与对应代理人员关系持续的时间来进行测量，其余变量均采用量表进行测量。通过计算，这些量表的 Cronbach's α 系数介于 0.83～0.90，均大于 0.70 的临界值，表明这些量表具有良好的内部一致性信度。

为了进一步检验所使用量表的信度和效度，我们对上述量表进行了验证性因子分析。结果显示，验证性因子分析模型总体拟合良好（χ^2=404.72，d.f.=303，χ^2/d.f.=1.34，CFI=0.97，NNFI=0.96，RMSEA=0.04），所测量的每个语项均显著负荷于其所属的潜变量上（表 5-2），且每个测量语项的标准化因子负荷均大于 0.7，平方复相关系数均大于 0.5，这些潜变量的平均方差提取量介于 0.58～0.76，均大于 0.5 的推荐值，复合信度介于 0.83～0.91，均大于 0.7 的推荐值（Nunnally，1978）。这些证据表明量表具有良好的聚合效度和信度。此外，每一潜变量的平均提取方差的平方根均大于该潜变量与其他潜变量的相关系数，表明所使用量表具有良好的区分效度（Johnson et al.，1995）。

由于上述证据表明本书所使用量表具有良好的信度和效度，因而使用上述量表进行结构方程模型分析是恰当的。

表 5-1　描述性统计分析结果

变量	1	2	3	4	5	6	7	8
1.服务人员关系专有知识积累	0.77	0.45	0.57	0.60	0.55	0.57	0.51	—
2.服务人员关系专有适应	0.39	0.81	0.52	0.46	0.48	0.39	0.42	—
3.顾客角色身份合理性	0.50	0.45	0.76	0.66	0.61	0.49	0.63	—
4.顾客个人身份合理性	0.52	0.39	0.58	0.80	0.59	0.56	0.66	—
5.顾客关系承诺	0.47	0.41	0.54	0.51	0.79	0.54	0.60	—
6.公司声望	0.48	0.34	0.44	0.48	0.48	0.85	0.62	—
7.感知产品价值	0.45	0.39	0.56	0.59	0.54	0.55	0.87	—

续表

变量	1	2	3	4	5	6	7	8
8.关系长度	−0.03	0.15	0.01	0.08	0.06	−0.02	0.05	—
均值	5.16	5.29	5.16	5.26	5.11	5.72	5.29	53.28
标准差	0.87	0.82	0.72	0.82	0.81	0.79	0.81	47.63
Cronbach's α 系数	0.85	0.88	0.89	0.88	0.83	0.88	0.90	

注：代表此栏不适用，对角线上的黑体数字为各潜变量 AVE 的平方根，对角线以下为量表均值相关系数，对角线以上为潜变量相关系数。

二、分析与结果

接下来，本书采用三组结构方程模型分析来验证所提假设。首先，模型一建立了服务人员关系专有知识积累和关系专有适用对顾客关系承诺直接影响的结构方程模型。该模型拟合良好（χ^2=163.33，d.f.=121，χ^2/d.f.=1.35，CFI=0.98，NNFI=0.97，RMSEA=0.04），服务人员关系专有知识积累（β=0.21，$p<0.05$）和关系专有适用（β=0.18，$p<0.05$）对顾客关系承诺均有显著的正向影响。

其次，当在上述模型中加入顾客角色身份合理性和顾客个人身份合理性两个中介变量（模型二）后，整体模型拟合良好（χ^2=486.15, d.f.=330，χ^2/d.f.=1.47，CFI=0.95，NNFI=0.94，RMSEA=0.05），服务人员关系专有知识积累（β=0.12，p=0.36>0.05）和关系专有适用（β=0.12，p=0.18>0.05）对顾客关系承诺的直接影响不再显著。

再次，模型三在模型二的基础上去掉了服务人员关系专有知识积累和关系专有适用对顾客关系承诺的两条直接影响路径。结果表明，整体模型拟合良好（χ^2=489.24，d.f.=330，χ^2/d.f.=1.47，CFI=0.95，NNFI=0.94，RMSEA=0.05）。对模型二和模型三进行嵌套模型比较的结果表明，χ^2值的变化并不显著（$\Delta\chi^2$(2)=3.09，p=0.21>0.05）。因此，出于节俭性原则，最终模型三用于验证本书所提假设。

表 5-3 是模型三的结构方程模型分析结果。从表 5-3 中可以看出，服务人员关系专有知识的积累对顾客角色身份合理性具有显著的正向影响（β=0.50，$p<$0.001），因此 H1a 得到支持。同样，服务人员关系专有知识适应对顾客角色身份合理性也具有显著的正向影响（β=0.32，$p<0.001$），因此，H1b 也得到了验证。H2a 预测服务人员关系专有知识积累正面影响顾客个人身份合理性，这一假设得到了分析结果的支持（β=0.57，$p<0.001$）。在模型三中，服务人员关系专有适应对顾客个人身份合理性的影响效应为（β=0.23，$p<0.01$），这一证据支持所提 H2b。H3a 表明，顾客角色身份合理性正面影响顾客关系承诺，这一假设同样得到了支持（β=0.29，$p<0.001$）。最后，顾客个人身份合理性显著影响顾客关系承诺（β=0.19，$p<0.05$），因此 H3b 得到统计检验支持。

表 5-2　验证性因子分析结果

	测量语项	SFL	t 值
服务人员关系专有知识积累 AVE=0.59 CR=0.85	我了解该顾客在保险产品方面的知识与经验（例如，过去购买过的保险品种、对保险产品的认识等）	0.73	11.07
	我了解该顾客的个人特点、需求偏好、特殊要求等信息	0.79	12.51
	我储存了该顾客的个人特定信息，并及时进行更新	0.83	13.38
	我熟悉该顾客的职业特征、生活习惯和消费观念	0.72	10.91
服务人员关系专有适应 AVE=0.65 CR=0.88	在整体服务过程（如咨询、签单、缴费、理赔）中，有任何不确定的地方，我都会及时与该顾客沟通信息	0.85	13.99
	在整体服务过程中，我总是尽力做到最好满足该顾客的要求	0.81	12.95
	在整体服务过程中，我会及时处理该顾客的不满	0.82	13.37
	我会调整自己的态度、行为，促进与该顾客彼此之间的共同理解	0.76	11.81
顾客角色身份合理性 AVE=0.58 CR=0.89	在整体服务过程（如咨询、签单、缴费、理赔）中，我认为该保险服务人员需要我做的事情是合理的	0.78	12.51
	在整体服务过程中，我认为尽力配合该保险服务人员的工作是我必须要做的事情	0.71	10.87
	在整体服务过程中，我认为该保险服务人员对我的要求和建议是合适的	0.73	11.40
	我认为在整体服务过程中那些需要承担的责任和遵从的规范是合理的	0.75	11.79
	通过和该保险服务人员的交流，我认为保单上的条款是合理的	0.82	13.39
	通过和该保险服务人员的交流，我认为保费价格是合理的	0.76	12.06
顾客个人身份合理性 AVE=0.64 CR=0.88	我感到自己的个性和品德被该保险服务人员所欣赏	0.78	12.40
	我认为自己的思想和感觉被该保险服务人员所尊重	0.78	12.32
	我知道自己的意见和建议被该保险服务人员所重视	0.81	13.08
	我清楚自己的观点和想法被该保险服务人员所认同	0.84	13.75
顾客关系承诺 AVE=0.62 CR=0.83	在选择保险服务时，我想和该保险服务人员保持联系	0.78	11.98
	如果不是由该服务人员为我提供保险服务，我会感到那是一种损失	0.75	11.33
	与该保险服务人员保持长期联系，对于我很重要	0.84	13.30
公司声望 AVE=0.71 CR=0.88	我所投保的保险公司在业界很有声望	0.85	13.95
	我周围的人们高度评价该保险公司	0.79	12.62
	该保险公司在当地很有名	0.90	15.25
感知产品价值 AVE=0.76 CR=0.91	我认为自己所购买的保险产品价格合理	0.81	13.34
	我认为自己所购买的保险产品物有所值	0.89	15.51
	我认为自己所购买的保险产品是合算的	0.91	15.96

注：SFL 表示标准化因子负荷，AVE 表示平均提取方差，CR 表示复合信度。对于所有因子负荷 $p < 0.001$。

表 5-3　结构方程模型分析结果

	标准化系数	标准误	服 t 值	p	假设
服务人员关系专有知识积累 →顾客角色身份合理性	0.50	0.085	5.782	***	假设 H1a：支持
服务人员关系专有适应 →顾客角色身份合理性	0.32	0.061	4.109	***	假设 H1b：支持
服务人员关系专有知识积累 →顾客个人身份合理性	0.57	0.101	6.268	***	假设 H2a：支持
服务人员关系专有适应 →顾客个人身份合理性	0.23	0.068	3.048	**	假设 H2b：支持
顾客角色身份合理性 →顾客关系承诺	0.29	0.089	3.368	***	假设 H3a：支持
顾客个人身份合理性 →顾客关系承诺	0.19	0.078	2.202	*	假设 H3b：支持
公司声望 →顾客关系承诺	0.20	0.083	2.222	*	
感知产品价值 →顾客关系承诺	0.22	0.094	2.447	*	
关系长度 →顾客关系承诺	0.05	0.000	0.760		

注：*$p<0.05$；**$p<0.01$；***$p<0.001$。

第八节　讨论与总结

一、研究结论与理论贡献

本研究聚焦于探索和检查服务接触过程中服务人员—顾客关系形成的社会化过程。通过借鉴社会化理论的框架，我们分析了服务人员的社会化策略如何影响顾客在社会化活动中理解和接受关系的过程。研究发现，服务人员的关系专用性投资活动通过增进顾客对关系身份合理性的感知，使顾客产生了对该特定关系的承诺。

与组织间的契约关系和经济利益关系不同，服务人员与顾客之间有着更为社会化的互动方式。现有文献支持了在服务接触中，服务人员通过语言及非语言形式、情绪、态度等各种社交方式对顾客产生了显著的影响，使顾客从与服务人员的社会关系中不仅获得功用价值，也得到了社交价值（Chan et al., 2010）。通过引入"关系专用性投资"的概念，我们进一步细化了在人际关系中，关系专用性投资作为社会化策略的表现形式。具体而言，本研究检查了在服务接触中，关系专用性投资的两种形式——关系专有知识积累和关系专有适应对顾客关系形成的影响作用。关系专有知识积累反映了保险服务人员对顾客及顾客关系的特定信息的了解程度。关系专有适应则反映了保险服务人员根据顾客特定特征进行协调和适应的意愿与能力。关系专有知识积累和关系专有适应是服务人员针对特定顾客关系的不可撤销的投资，它们既说明了服务人员对特定关系的诚意，又实质性地通过其关系调和能力促进了顾客对关系的理解。

在服务人员—顾客关系的社会化过程中，顾客关系身份合理性的形成是一个重要的中间机制，也是本研究试图重点探索和检查的核心构念。关系身份理论的提出旨在研究个体对自己在社会关系中的"位置"与"意义"的理解（Sluss and Ashforth，2007）。因此，关系身份既包括人们对客观的角色位置的理解，即关系角色身份；也包括对主观的关系自我的感知，即关系个人身份。关系身份具有情境依赖和角色互倚的特点，即一种关系身份只依附于一种特定的关系情境，并且其合理性需要关系中的互倚角色界定和认可才可能形成。因此，顾客关系身份合理性的形成必然受到关系中角色互倚方（即保险服务人员）对其身份的社会化影响。

进而，本研究检查并证实了保险服务人员对顾客关系的专有知识积累和专有适应分别对顾客的角色身份与个人身份产生了显著影响。保险服务人员的关系专有知识积累和关系专有适应通过促进与顾客有效双向交流以及增加与顾客互补性等方式，增进了顾客对于自己在固定的角色关系中需要执行的任务以及承担的责任和义务的理解，从而使顾客确认其角色身份合理性。另外，保险服务人员的专用性投资也通过为顾客的角色行为提供心理支持、增进顾客自主感和控制感、增加人际间相似性等方式，使顾客感到自己的个性特质能够被服务人员真正理解，因而与关系是匹配的，增加了顾客对个人身份的确认。

最后，本研究也支持了顾客关系身份合理性感知对顾客关系承诺的正面影响作用。在本研究中，我们更为关注顾客对关系的情感承诺。与仅仅强调关系维持的持续承诺概念不同，情感承诺不但反映了人们建立长期关系的意愿，还反映了关系对顾客的社交价值（Shore and Wayne，1993）。顾客对关系的情感性依附意味着保险服务人员—顾客关系的实质形成，代表着关系社会化过程的最后结果。社会化文献提出，人们在社会化过程中学习如何保持被社会分享的身份意义，而承诺则发生在人们追求身份意义与社会评价的一致性的过程中（Burke and Reitzes，1991）。本研究发现顾客对角色身份及个人身份合理性的确认，促进了关系承诺的形成，这也从实证角度支持了社会化理论的观点。

本研究的理论贡献主要体现在两个方面。第一，本研究关注于保险服务人员与顾客之间的个人层面的关系，通过识别与个人关系建立相关的核心概念，对关系社会化的过程进行了细化研究。研究结果为社会化理论提供了实证支持，说明了针对特定关系的社会化活动在角色身份和意义获得以及承诺形成方面的显著作用。

第二，本研究在关系身份理论的基础上，进一步分析和厘清了关系身份与关系专用性投资以及关系承诺之间的理论联系，并且，通过借助现有的文献基础，发展了顾客关系身份合理性量表，用以测量顾客对特定关系中角色身份和个人身份的理解与接受程度。进而，本研究也通过实证数据，检验并证实了顾客关系身份在关系专用性投资与关系承诺之间的中介作用。

二、管理启示

本研究以保险业服务人员与顾客的对应关系为调研样本，检查了服务人员—顾客关系的形成过程，其结论将对保险业营销服务人员乃至更广泛的人际接触服务行业提供可借鉴的管理启示。

第一，对保险业服务人员以及其他高人际接触的服务人员而言，有意识地收集并积累关于所服务的具体顾客的特定信息（如消费经验、兴趣、生活方式、价值观、职业特点等）十分重要。因此，服务组织应尽可能激励服务接触人员去主动积累顾客专有信息和知识，并培养员工运用这些信息来影响顾客的能力，比如，通过建立客户档案动态管理系统，鼓励服务人员运用科技手段最大化运用顾客专有知识，在服务人员之间分享顾客专有知识的积累和应用经验。这将有助于促进服务人员与顾客关系的建立。企业应尽量保存服务人员对顾客的专有知识，以确保当保险服务人员离开组织时，新的服务人员能够从现有对顾客管理系统中快速积累有关某个顾客的专有知识，及时与原顾客建立关系，防止"孤儿保单"的出现。

第二，保险服务人员在建立关系的过程中，应根据客户的需要、个性和习惯及时调整个人的服务方式，建立起连接组织与顾客关系的个人桥梁，促进自己与顾客对同一事物的共同理解。这有助于提高顾客与服务人员之间沟通效率和效果，促进顾客学习和接受服务人员传递的信息，增进顾客对服务人员关系期望的理解，进而推动关系的形成和发展。

第三，服务人员需要清楚地知道自己在与顾客关系建立的过程中，承担着社会化代理人的责任，即通过社会互动活动来帮助顾客建立和确定其在关系中的身份意义。因此，服务人员需要通过沟通、解释和示范使顾客清楚地理解并接受他们在服务过程中需要做的事情以及这些事情对他们的意义和价值。此外，服务人员还需要理解顾客不仅希望通过建立关系来获得功用价值（如购买保单），还需要在关系中获得一种个人认同感和社会价值，即获得他人的尊重、信任和理解。因此，服务人员在服务过程中通过展现对顾客的心理支持与认同，寻找相似的兴趣以及积极回应顾客的建议和意见，将有助于顾客形成对长期关系的情感承诺。

参 考 文 献

Ahearne M，Bhatacharya C B，Gruen T，2005. Antecedents and consequences of customer-company identification： expanding the role of relationship marketing. Journal of applied psychology，90（3）：574-585.

Allen N J，Meyer J P，1990. The measurement and antecedents of affective，continuance，and normative commitment to the organization. Journal of occupational psychology，63：1-18.

Alwis R S，Hartmann E，2013. The use of tacit knowledge within innovative companies： knowledge management in innovative enterprises. Journal of knowledge management，12（1）：133-147.

Andersen S M，Chen S，2002. The relational self： an interpersonal social-cognitive theory. Psychological review，109（4）：619-645.

Anderson E K，2008. The salesperson as outside agent or employee： a transaction cost analysis. Marketing science，27（1）：70-84.

Ashforth B E，2001. Role transitions in organizational life: an identity-based perspective. Mahwah，NJ: Lawrence Erlbaum Associates.

Ashforth B E，Rogers K M，Corley K G，2011. Identity in organizations： exploring cross-level dynamics. Organization science，22（5）：1144-1156.

Ashforth B E，Saks A M，1996. Socialization tactics： longitudinal effects on newcomer adjustment. Academy of management journal，39（1）：149-178.

Audretsch D B，Lehmann E E，Warning S，2005. University spillovers and new firm location. Research policy，34（7）：1113-1122.

Auh S，Bell S J，Mcleod C S，et al.，2007. Co-production and customer loyalty in financial services. Journal of retailing，83（3）：359-370.

Batt R，2002. Managing customer services： human resource practices，quit rates，and sales growth. Academy of management journal45（3）：587-597.

Bendapudi N，Leone R P，2003. Psychological implications of customer participation in co-production. Journal of marketing，67（1）：14-28.

Bettencourt L A，Gwinner K，1996. Customization of the service experience： the role of the frontline employee. International journal of service industry management，7（2）：3-20.

Bhattacharya C B，Sen S，2003. Consumer-company identification： a framework for understanding consumers' relationships with companies. Journal of marketing，67（2）：76-88.

Brewer M B，Gardner W L，1996. Who is this we . Levels of collective identity and self representations. Journal of personality and social psychology，71（1）：83-93.

Burke P J，Reitzes D C，1991. An identity theory approach to commitment. Social psychology quarterly：239-251.

Burke P J，Reitzes D C，1981. The link between identity and role performance. Social psychology quarterly，44（2）：83-97.

Callero P L，2008. The globalization of self: role and identity transformation from above and below. Sociology compass，2（6）：1972-1988.

Cannon J P, Perreault J W D，1999. Buyer-seller relationships in business markets. Journal of marketing research，36（4）：

439-460.

Cannon J P, Homburg C, 2001. Buyer-supplier relationships and customer firm costs. Journal of marketing, 65 (1): 29-43.

Castillo J C, 2002. A note on the concept of tacit knowledge. Journal of management inquiry, 11 (1): 46-57.

Chan D, Schmitt N, 2000. Interindvidual differences in intraindividual changes in proactivity during organizational entry: a latent growth modeling approach to understanding newcomer adaptation. Journal of applied psychology, 85 (2): 190-210.

Christensen C M, Bower J L, 1996. Customer power, strategic investment, and the failure of leading firms. Strategic management journal, 17 (3): 197-218.

Churchill J G A, Moschis G P, 1979. Television and interpersonal influences on adolescent consumer learning. Journal of consumer research, 6 (1): 23-35.

Chan K W, Yim C K, Lam S S K, 2010. Is customer participation in value creation a double-edged sword? evidence from professional financial services across cultures. Journal of marketing, 74 (3): 48-64.

Cook K S, Emerson R M, 1978. Power, equity and commitment in exchange networks. American sociological review, 43 (5): 721-739.

Cousins P D, Handfield R B, Lawson B, et al., 2006. Creating supply chain relational capital: the impact of formal and informal socialization processes. Journal of operations management, 24 (6): 851-863.

Cross S E, Madson L, 1997. Models of the self: self-construals and gender. Psychological bulletin, 122 (1): 5-37.

Dellande S, Gilly M C, Graham J L, 2004. Gaining compliance and losing weight: the role of the service provider in health care services. Journal of marketing, 68 (3): 78-91.

Dong B, Evans K R, Zou S, 2007. The effects of customer participation in co-created service recovery. Journal of the academy of marketing science, 36 (1): 123-137.

Dwyer F R, Schurr P H, Oh S, 1987. Developing buyer-seller relationships. Journal of marketing, 51 (2): 11-27.

Eisenhardt K M, 1989. Agency theory: an assessment and review. Academy of management review, 14 (1): 57-74.

Ellemers N, Spears R, Doosje B, 2003. Self and social identity. Annual review of psychology, 53 (1): 161-186.

Ennew C, Binks M, 1999. Impact of participative service relationships on quality, satisfaction and retention: an exploratory study. Journal of business research, 46 (2): 121-132.

Ethier K A, Deaux K, 1994. Negotiating social identity when contexts change: maintaining identification and responding to threat. Journal of personality and social psychology, 67 (2): 243-251.

Evans K R, Stan S, Merray L, 2008. The customer socialization paradox: the mixed effects of communicating customer role expectations. The journal of services marketing, 22 (3): 213-223.

Fiske S T, Neuberg S L, 1990. A continuum of impression formation, from category-based to individuating processes: influences of information and motivation on attention and interpretation. Advances in experimental social psychology, 23: 1-74.

Ford N M, Walker O C, Churchill G A, 1975. Expectation-specific measures of the intersender conflict and role ambiguity experienced by industrial salesmen. Journal of business research, 3 (2): 95-112.

Forehand M, Deshpand R, Reed A, 2002. Identity salience and the influence of differential activation of the social self-schema on advertising response. Journal of applied psychology, 87 (6): 1086-1099.

Gallo L C, Smith T W, 2001. Attachment style in marriage: adjustment and responses to interaction. Journal of social and personal relationships, 18 (2): 263-289.

Gelfand M J, Major V S, Raver J L, et al., 2006. Negotiating relationally: the dynamics of the relational self in negotiations. The academy of management review ARCHIVE, 31 (2): 427-451.

Goodwin C, 1988. "I can do it myself: " training the service consumer to contribute to service productivity. Journal of services marketing, 2 (4): 71-78.

Gremler D D, Gwinner K P, Brown S W, 2001. Generating positive word-of-mouth communication through customer-employee relationships. International journal of service industry management, 12 (1): 44-59.

Gulati R, Bristow D N, Dou W, 2008. A three-tier model representing the impact of internet use and other environmental and relationship-specific factors on a sales agent's fear of disintermediation due to the internet medium. Journal of marketing channels, 9: 49-85.

Gundlach G T, Achrol R S, Mentzer J T, 1995. The structure of commitment in exchange. Journal of marketing, 59 (1): 78-92.

Hallen L, Johanson J, Seyed-Mohamed N, 1991. Interfirm adaptation in business relationships. Journal of marketing, 55 (2): 29-37.

Hart C W, 1952. The human group// Homans G C. American anthropologist, 54 (2): 261-263.

Heide J B, John G, 1990. Alliances in industrial purchasing: the determinants of joint action in buyer-supplier relationships. Journal of marketing research, 27 (1): 24-36.

Heide J B, John G, 1992. Do norms matter in marketing relationships. Journal of marketing, 56 (2): 32-44.

Heskett J L, Jones T O, Loveman G W, et al, 1994. Putting the service-profit chain to work. Harvard business review, 72 (2): 164-170.

Hilmersson M, Jansson H, 2013. Reducing uncertainty in the emerging market entry process: on the relationship among international experiential knowledge, institutional distance, and uncertainty. Journal of international marketing, 20 (4): 96-110.

Hogg M A, Terry D I, 2000. Social identity and self-categorization processes in organizational contexts. Academy of management review, 25 (1): 121-140.

Homburg C, Wieseke J, Bornemann T, 2009. Implementing the marketing concept at the employee-customer interface: the role of customer need knowledge. Journal of marketing, 73 (4): 64-81.

Howard J A, 2003. Social psychology of identities. Review of sociology, 26 (1): 367-393.

Jap S D, Ganesan S, 2000. Control mechanisms and the relationship life cycle: implications for safeguarding specific investments and developing commitment. Journal of marketing research, 37 (2): 227-245.

Johanson J, Mattsson L G, 1987. Interorganizational relations in industrial systems: a network approach compared with the transaction-cost approach. International studies of management and organization, 17 (1): 34-48.

Johnson M D, Anderson E W, Fornell C, 1995. Rational and adaptive performance expectations in a customer. Journal of consumer research, 21 (4): 695-707.

Johnson M D, Morgeson F P, Hekman D R, 2012. Cognitive and affective identification: exploring the links between different forms of social identification and personality with work attitudes and behavior. Journal of organizational behavior, 33 (8): 1142-1167.

Joshi A W, Sharma S, 2004. Customer knowledge development: antecedents and impact on new product performance. Journal of marketing, 68 (4): 47-59.

Keller K L, 2001. Building customer-based brand equity: a blueprint for creating strong brands.Cambridge, MA: Marketing Science Institute.

Kelley S W, Skinner S J, Donnelly J H, 1992. Organizational socialization of service customers. Journal of business research, 25（3）: 197-214.

Kwon Y, 2009. Relationship-specific investments, social capital, and performance: the case of Korean exporter/foreign buyer relations. Asia pacific journal of management, 28（4）: 761-773.

Lam A, 2000. Tacit knowledge, organizational learning and societal institutions: an integrated framework. Organization studies, 21（3）: 487-513.

Laverie D A, Arnett D B, 2000. Factors affecting fan attendance: the influence of identity salience and satisfaction. Journal of leisure research, 32（2）: 225-246.

Lawler E J, Yoon J, 1996. Commitment in exchange relations: test of a theory of relational cohesion. American sociological review, 61（6）: 89-108.

Leary M R, Baumeister R F, 2000. The nature and function of self-esteem: sociometer theory. Advances in experimental social psychology, 32: 1-62.

Lipkus I M, Bissonnette V L, 1996. Relationships among belief in a just world, willingness to accommodate, and marital well-being. Personality and social psychology bulletin, 22（10）: 1043-1056.

Madhok A, Tallman S, 1998. Resources, transactions and rents: managing value through interfirm collaborative relationships. Organization science, 9（3）: 326-339.

Manchanda P, Packard G M, Pattabhiramaiah A, 2015. Social dollars: the economic impact of customer participation in a firm-sponsored online customer community. Marketing science, 34（3）: 367-387.

Markus H R, Kitayama S, 1991. Culture and the self: Implications for cognition, emotion, and motivation. Psychological review, 98（2）: 224-253.

Mcguire W J, Mcguire C V, Cheever J, 1986. The self in society: effects of social contexts on the sense of self. British journal of social psychology, 25（3）: 259-270.

Meyer J P, Allen N J, 1984. Testing the" side-bet theory" of organizational commitment: some methodological considerations. Journal of applied psychology, 69（3）: 372-378.

Mittal B, Lassar W M, 1996. The role of personalization in service encounters. Journal of retailing, 72（1）: 95-109.

Mokyr J, 2002. The gifts of athena. Princeton, N.J: Princeton University Press.

Morgan R M, Hunt S D, 1994. The commitment-trust theory of relationship marketing. Journal of marketing, 58（3）: 20-38.

Morris J A, Feldman D C, 1996. The dimensions, antecedents, and consequences of emotional labor. Academy of management review, 21（4）: 986-1010.

Murray J Y, Kotabe M, 2005. Performance implications of strategic fit between alliance attributes and alliance forms. Journal of business research, 58（11）: 1525-1533.

Murstein B I, Beck G D, 1972. Person perception, marriage adjustment, and social desirability. Journal of consulting and clinical psychology, 39（3）: 396-403.

Mustak M, Jaakkola E, Halinen A, 2013. Customer participation and value creation: a systematic review and research implications. Managing service quality, 23（4）: 341-359.

Neff L A, Geers A L, 2013. Optimistic expectations in early marriage: a resource or vulnerability for adaptive relationship functioning? Journal of personality and social psychology, 105（1）: 38-60.

Nikbin D, Hyun S S, Iranmanesh M, et al., 2015. Airline travelers' causal attribution of service failure and its impact on trust and loyalty formation: the moderating role of corporate social responsibility. Asia pacific journal of tourism research, 21 (4): 355-374.

Nonaka I, Takeuchi H, 1995. The knowledge-creating company: how Japanese companies create the dynamics of innovation. Long range planning, 29 (4): 592-610.

Nunnally J C, 1978. Psychometric theory. New York: McGraw-Hill.

Oakes P J, Turner J C, 1986. Distinctiveness and the salience of social category memberships: is there an automatic perceptual bias towards novelty? European journal of social psychology, 16 (4): 325-344.

O'Connor G C, Veryzer R W, 2001. The nature of market visioning for technology-based radical innovation. Journal of product innovation management, 18 (4): 231-246.

Paliszkiewicz J, 2011. Trust management: literature review. Management science, 6 (4): 315-331.

Palmatier R W, Dant R P, Grewal D, et al., 2006. Factors influencing the effectiveness of relationship marketing: a meta-analysis. Journal of marketing, 70 (4): 136-153.

Payne A, Storbacka K, Frow P, 2008. Managing the co-creation of value. Journal of the academy of marketing science, 36 (1): 83-96.

Pereira C A B, Ferreira J J M, Alves H, 2012. Tacit knowledge as competitive advantage in relationship marketing: a literature review and theoretical implications. Journal of relationship marketing, 11 (3): 172-197.

Peteraf M A, 1993. The cornerstones of competitive advantage: a resource-based view. Strategic management journal, 14 (3): 179-191.

Pfeffer J, Salancik G R, 1978. The external control of organizations: a resource dependence perspective. Contemporary sociology, 8 (4): 612.

Pratt M G, Rafaeli A, 1997. Organizatonal dress as a symbol of multilayered social identities. Academy of management journal, 40 (4): 862-898.

Reed A, Forehand M, Puntoni S, et al., 2012. Identity-based consumer behavior. International journal of research in marketing, 29 (4): 310-321.

Reichers A E, 1987. An interactionist perspective on newcomer socialization rates. Academy of management review, 12 (2): 278-287.

Saks A M, Uggerslev K L, Fassina N E, 2007. Socialization tactics and newcomer adjustment: a meta-analytic review and test of a model. Journal of vocational behavior, 70 (3): 413-446.

Sedikides C, Campbell W K, Reeder G D, et al., 1998. The self-serving bias in relational context. Journal of personality and social psychology, 74 (2): 378-386.

Selnes F, Sallis J, 2003. Promoting relationship learning. Journal of marketing, 67 (3): 80-95.

Sheth J N, Parvatiyar A, 1995. The evolution of relationship marketing. International business review, 4 (4): 397-418.

Shore L M, Wayne S J, 1993. Commitment and employee behavior: comparison of affective commitment and continuance commitment with perceived organizational support. Journal of applied Psychology, 78 (5): 774.

Slater S F, Narver J C, 2000. The positive effect of a market orientation on business profitability: a balanced replication. Journal of business research, 48 (1): 69-73.

Sluss D M, Ashforth B E, 2007. Relational identity and identification: defining ourselves through work relationships. The academy of management review ARCHIVE, 32 (1): 9-32.

Solomon M R, Surprenant C, Czepiel J A, et al., 1985. A role-theory perspective on dyadic interactions-the service encounter. Journal of marketing, 49 (1): 99-111.

Stets J E, Burke P J, 2000. Identity theory and social identity theory. Social psychology quarterly, 63 (3): 224-237.

Stets J E，Cast A D，2007. Resources and identity verification from an identity theory perspective. Sociological perspectives，50（4）：517-543.

Stryker S，Macke A S，2003. Status inconsitency and role conflic. Review of sociology，4（1）：57-90.

Stryker S，Serpe R T，1994. Identity salience and psychological centrality：equivalent，overlapping，or complementary concepts? Social psychology quarterly，57（1）：16-35.

Sweeney J C，Soutar G N，2001. Consumer perceived value：the development of a multiple item scale. Journal of retailing，77（2）：203-220.

Tajfel H，Turner J C，1986. The social identity theory of intergroup behavior// Worchen S，Austin W G（Eds.）Psychology of intergroup relations：7-24. Chicago：Nelson Hall.

Tubre T C，Collins J M，2000. Jackson and Schuler（1985）revisited：a meta-analysis of the relationships between role ambiguity，role conflict，and job performance. Journal of management，26（1）：155-169.

Turner J C，1975. Social comparison and social identity：some prospects for intergroup behaviour. European journal of social psychology，5（1）：1-34.

Van Den Berg A，1998. Is sociological theory too grand for social mechanisms//Swedberg R. Social mechanisms：an analytical approach to social theory.Cambridge：Cambridge University Press：204-237.

Van Maanen J，Schein E H，1979. Toward a theory of organizational socialization. Research in organizational behavior，1：209~264.

Vargo S L，Lusch R F，2004. Evolving to a new dominant logic for marketing. Journal of marketing，68（1）：1-17.

Ward S，1974. Consumer socialization. Journal of consumer research，1（2）：1-14.

Watson V，2014. Co-production and collaboration in planning-the difference. Planning theory and practice，15（1）：62-76.

Welbournel T M，Cable D M，1995. Group incentives and pay satisfaction：understanding the relationship through an identity theory perspective. Human relations，48（6）：711-726.

Williamson O E，1985. The economic institutions of capitalism. The RAND journal of economics，17（2）：279-292.

第六章　组织顾客的社会化：供应商—买方合作开发活动中的社会化过程

第一节　概　　述

上游供应商—下游买方之间的合作开发正在变成一种普遍的现象，其涉及的领域涵盖了从半导体到软件等多种行业（Appleyard，2003；Mowery et al.，1996）。现有文献表明这种行为能够促进组织学习能力、加快上市速度以及降低技术不确定性的风险（Cui et al.，2013）。

在合作开发的项目中，企业经常使用正式的社会化策略（如结构化的规则和程序）和非正式的社会化策略（如个人关系构建和组织的社会活动）来开展社会化活动，以促使来自合作方的项目组新成员能够学习到在项目组中的预期行为和社会知识。这些行为和知识对于作为合作开发项目的参与成员至关重要（Cousins et al.，2006；Jansen et al.，2005）。

尽管过去的研究表明，社会化能够帮助促进协调和提升创新绩效（Jansen et al.，2005），然而，现有文献中，有关社会化策略在组织学习中作用的研究却产生了不一致的结果（Cousins et al.，2006；Gupta et al.，2006；Ashforth and Saks，1996）。具体而言，尽管多数研究表明正式和非正式的社会化策略对于组织内部的学习效果具有正向影响（Gupta and Govindarajan，2000；Ashforth and Saks，1996），然而，在一些涉及组织间合作开发的研究中，并没有发现正式的社会化策略对合作开发的绩效具有显著的影响（Lawson et al.，2009；Cousins et al.，2006）。这些研究甚至认为正式的社会化策略可能不会对组织间合作产生积极影响，除非组织间的成员具有共同设定的目标或者共同建立的资源。

然而，这些研究的实证情境往往建立在对一般化的长期的供应商—买方关系的研究上，而非具体的合作开发项目，这可能会阻碍我们对于不同社会化策略所起的具体作用的深层次思考。首先，与一般化的供应商—买方关系相比，在一个具体的合作开发项目中讨论共同设立的项目目标和投入资源会更为贴切，因此可以对正式社会化策略对于合作开发的绩效的积极影响进行观察。第二，在长期的供应关系中，供应商的合作伙伴不太可能被视为新进入者，而社会化策略主要强调的是对新进入者的影响。相比之下，在合作开发项目中，合作方参与到项目团队中的成员可以被视为新来者。合作开发项目与长期的供应商—买方关系不同，它往往是短期的、围绕某一目标快速建立起来的合作关系，这些更符合社会化研究的情境。

另外，前人的研究表明，在不同的情境下，不同类型的社会化策略的影响可能会发生变化（Ashforth and Saks，1996；Lynskey，1999）。这表明正式和非正式社会化策略可能会因为合作开发项目的某些重要特点而对合作开发的绩效产生不同的影响。此外，现有文献在相似研究情境中讨论非正式的社会化策略的影响作用时，提出了不同的中介机制（Cousins et al.，2006；Lawson et al.，2009）。这也表明社会化策略对于合作开发绩效的影响的中介机制可能是非常复杂并且未被清楚探明的。这也促使我们仔细观察和分析社会化策略影响的潜在机制。

根据这些研究空白，本研究旨在通过检查合作开发项目的创新特征（即探索与开发）对正式和非正式社会化策略效果的影响，并通过引入两种类型的互动关系（即合作与协作），来解释社会化策略与合作开发结果之间的关系及其中介机制。

首先，大量文献证实探索性和利用性的特质是创新活动（如合作开发）最重要的特点之一（March，1991；Jansen et al.，2006）。每一个合作开发项目可以根据其知识开发的任务特点被划分为探索性或利用性项目。考虑到正式和非正式的社会化会可能会促进不同类型的知识吸收和交流情境，本研究提出不同的社会化策略可能对探索性和利用性的合作开发项目有不同影响。

其次，本研究也提出不同的中介机制可能解释了正式和非正式社会化策略对合作开发绩效的影响作用。具体而言，正式的社会化策略更有可能促使合作开发的成员之间加强合作，这种合作聚焦在劳动分工和知识规范上，从而会促进在利用性项目中的合作开发绩效。与之相反，协作包含了目标共享和知识整合，协作更有可能通过非正式社会化策略产生，从而能够在探索性项目中提高合作开发的绩效。

接下来，本书首先展示文献回顾和假设。

然后，用来自 194 家高科技企业的合作开发项目中供应商项目经理与其买方项目经理的配对数据来检验假设。

最后，总结研究结果和管理启示。

第二节　文献回顾及假设

一、正式和非正式社会化在组织学习中的作用

组织可以通过使用正式和非正式化的社会化策略来构建新员工的社会化情境。正式的社会化是指个体进入组织后，组织为个体提供结构化的项目、流程或者培训去帮助他们适应新的工作和组织角色（King and Sethi，1998；Lawson et al.，2009）。相反，非正式的社会化策略是一种"自由放任"的过程。在这种策略中，

个体需要通过发展个人关系来搜寻有关工作和环境的信息（King and Sethi，1998；Lawson et al.，2009）。在非正式的社会化中，个人影响和规范影响并不来自于组织，也很少受到组织的控制。

现有研究已经表明在正式和非正式的情境中社会化活动会影响组织学习的结果（Ashforth and Saks，1996；Gupta and Govindarajan，2000）。Ashforth 和 Saks（1996）的实证研究证明了正式的社会化策略与工作满意度及组织认同具有正向的关系。在新员工加入组织四个月和十个月之后，这种正向关系都存在。然而我们也发现在新员工加入组织四个月后，正式社会化策略会减少员工对于创新的尝试和实际的创新行为，在十个月之后，正式社会化策略仍然会抑制员工的实际创新行为。这一实验结果支持了之前关于正式社会化的争论，即一方面，正式的社会化能够帮助员工减少因缺乏工作经验而产生的不确定性，但另一方面，也会增强员工对于现有流程和目标的服从性，并且可能会限制其在工作方式上的改变（Jansen et al.，2006）。

通过比较正式与非正式的工作导师关系，Ragins（1999）发现有着非正式导师的培训者能够获得更多的职业发展和心理支持，因此与有着正式导师的培训者相比，有非正式导师的培训者会对导师形成更高的总体满意度。然而，Mujtaba 和 Sims（2006）发现非正式的社会化却并不如正式的方法有效。Khan 等（2015）发现非正式的社会化虽然能够提高从国际合资企业向当地供应商转移知识的理解能力，但不会提高知识转移的速度。

Gupta 和 Govindarajan（2000）发现正式的社会化有利于知识在子公司之间的流动，也有利于知识在子公司和母公司之间的流动。尽管非正式的社会化同样被证明能够提高子公司间的知识流动，但研究者所期待的从子公司流向母公司的知识流动并没有在非正式社会化活动中被证实。这就表明尽管正式和非正式社会化都会有助于组织间的知识流动，但社会化影响信息和知识流动的内在机制可能会不同。在一篇对于技术转移的案例研究中，Lynskey（1999）发现，正式的机制，如培训项目和记录，对于转移显性知识是有利的；而非正式的社会化，如亲身实践的经验和人际互动，对于获得基于经验和高度个人化的隐性知识是非常合适的。

然而，在供应商—买方合作开发的情境下，Cousins 和 Menguc（2006）发现正式的社会化并不像他们预期的那样会通过关系资本对于合作开发绩效产生积极的影响。同样，Lawson 等（2009）也发现正式社会化并没有引发公司之间有关提高产品设计、产品质量和流程设计的知识分享。这一结果与他们原本的预测并不相符。

总之，先前对社会化在组织内影响的研究表明，正式和非正式社会化的作用可能取决于学习的背景和结果（Lynskey，1999；Ashforth and Saks，1996）。而在组织间合作开发的情境中，研究者只能证实非正式社会化对合作绩效的积极作用，对于正式社会化的作用存在疑问。这些混合的结果激励我们去重新思考在合作开发背景下的研究机会。在 Cousins 等（2006）和 Lawson 等（2009）的研究中，正式社会化的积极效果未能得到证明的原因可能在于：①被调查的供应商—买方关系至少已经持续了 2～3 年，所以供应伙伴不能被认为是社会化策略中的新来者；②这些研究调查的是供应商—买方关系，而不是具体的合作开发项目；③鲜有研究检验合作开发项目的创新特性，如合作开发项目的探索性或利用性特征是如何影响正式和非正式社会化策略的效果的，忽略了合作开发项目的特征，所以之前研究所检查的正式和非正式社会化策略对合作开发绩效产生影响的机制可能是不充分的。

为弥补当前研究可能存在的不足，本研究将合作项目的探索性—利用性特征作为解释正式和非正式社会化策略对供应商—买方合作开发绩效的影响的一种边界条件，并探讨两种类型的互动关系，即合作和协作，作为上述关系的中介机制。

二、探索性—利用性特征作为正式和非正式社会化策略对合作开发绩效影响的边界条件

新产品开发项目根据其创新特征可以分为探索性或者利用性创新项目（Jansen et al.，2006；Calantone and Rubera，2012）。利用性创新是指充分利用现有知识，为现有客户扩展现有产品和服务，而探索性创新是指追求新知识，为新兴客户或市场开发新产品和服务（Benner and Tushman，2003；Jansen et al.，2006）。March（1991）指出，探索性和利用性在根本上是不同的，两者在思维方式和组织惯例中是不兼容的。探索和利用之间的区别决定了合作开发项目中任务的特征与知识发展领域的变化，这可能推动了正式和非正式社会化策略对绩效的影响向追求不同的创新过程与结果的变化发展。

正式的社会化强调结构化的程序、规则和培训计划（Cable and Parsons，2001），这能促进最佳方案的归纳和整理（Lawson et al.，2009），使人的知识和心态能够快速地适应团队中的其他人员（Cousins and Lawson，2007）。有关问题解决的研究还表明，结构化程序有利于吸收编码知识（Lynskey，1999），这就有利于提高利用性项目的绩效。因为利用性创新旨在改进和扩展现有产品、技术与创新能力（March，1991），对现有的知识和最佳方案进行归纳与编码使知识更容易在合作伙伴之间交换，并增强对现有知识的利用（Benner and Tushman，2003）。此外，标准化的规则和流程为交流提供了基础。一个组织的员工和来自合作公司的新来者可以很容易地达成共识，实现行为一致性，确保团队成员之间知识协调的效率（Cousins and Lawson，2007）。因此，正式的社会化策略通过改进现有知识和加速知识应用，提高了利用性创新项目的合作开发绩效。

　　然而，由于其依赖于结构化准则，因此正式的社会化策略限制了临场的问题解决和自由联想（Holmqvist，2004）。此外，正式的社会化策略涉及通过使用编码方案来减少差异，因而可能会阻碍试验和多样性的寻求（Benner and Tushman，2003），这就降低了团队成员打破现有知识的可能性，在探索性创新项目中阻碍了全新知识的产生。因此，尽管能够促进信息和知识的交流（Lawson et al.，2009），但正式的社会化策略可能无助于提高探索性创新项目的绩效。因此，我们提出以下假设。

　　H1：正式的社会化策略对利用性项目而非探索性项目的合作开发绩效有积极影响。

　　非正式社会化包括建立团队成员之间的个人关系，更多地关注项目的非正式方面（Lawson et al.，2009）。这导致比正式结构更自由的沟通和讨论（Jansen et al.，2006），从而可能影响合作开发的结果。

　　首先，自愿交流使团队成员能够公开提供和采用不同的想法，增加了寻求多样性和打破现有知识的可能性（Cousins and Lawson，2007）。

　　其次，团队成员非正式和自由相互交流的情况有助于建立个体间的共同利益与相互信任，从而改善对隐性知识的吸收（Lynskey，1999）。隐性知识创造了供他人效仿的学习曲线，并且能够促进创造新知识和产生新产品，进而促进创新（Kikoski C K and Kikoski J F，2004）。寻找新知识而不是持续地使用现有知识库对于合作开发的团队尤为重要（Leonard and Sensiper，1998）。在一个专注于改进现有产品市场领域的利用性项目中，团队成员具有共同且稳定的知识库，因此显而易见的知识和想法很容易被理解并在整个团队中传达。然而，在涉及向新产品市场领域转变的探索性项目中，团队成员难以在团队中搜索新知识，因为知识库变化迅速，并且很难完全捕捉到任何明确的形式（Leonard and Sensiper，1998）。因此，隐性知识对于探索性项目在建立共同的特定知识库和指导愿景中的作用变得更加重要（Leonard and Sensiper，1998）。

　　再次，没有正式规则和惯例的限制，非正式的社会化策略有利于试错实验和临场问题解决，这推动了探索性创新项目的成功（Jansen et al.，2006）。

　　然后，非正式的社会化策略可能阻碍了利用性项目中的合作开发。由于其自由的沟通风格，非正式的社会化通常鼓励成员在一些人际互动活动中（Lynskey，1999）投入更多的时间和努力。与探索性项目相比，利用性项目的成功较少依赖新知识的产生，而更多地与知识转移的速度和沟通效率相关。而这些恰恰很少受到非正式社会化策略的影响（Khan et al.，2015）。

　　最后，强个人关系（Lynskey，1999）促进了隐性知识转移，这有利于探索性合作开发项目。因为隐性知识有助于为新市场创造新知识，而这一点对于利用性项目通常是不需要的。利用性项目通常依赖于有效地利用现有知识为现有市场服务，因此，它不仅不能享受通过使用非正式社会化产生新知识和传递隐性知识所带来的好处，反而还要承担沟通速度和现有知识转移效率降低的风险。因此，我们提出以下假设。

H2：非正式的社会化策略对探索性项目而非利用性项目的合作开发绩效有积极影响。

三、互动关系的中介作用

关于合作开发过程中的社会化机制，主流的研究达成了共识，即社会化有助于在合作开发团队内建立一种互动关系（Cousins et al.，2006），从而促进信息和知识的双向流动（Lawson et al.，2009），并促进来自不同组织的成员的融合（Cousins and Lawson，2007）。然而，研究人员发现，只有非正式的社会化才能预测合作开发中的关系资本建立和知识共享，但不清楚正式社会化在协调过程中是如何影响互动关系的（Cousins et al.，2006；Lawson et al.，2009）。这些研究可能忽视了在合作开发中发生的其他类型的互动关系。

一些研究组织间关系的文献认为合作和协作是战略联盟中两种不同概念的互动关系。Heide 和 Miner（1992）将一些互动学派的观点与合作的概念区分开来。他们认为合作不一定需要承诺，而互动学派学者认为合作来自两个"参与者"之间的承诺的发展。依照 Heide 和 Miner 的观点，当彼此依赖各自的资产和能力时，具有不同目标的公司可以在合作关系中达成一致。根据 Rindfleisch（2000）的定义，企业间的合作是"联盟合作伙伴为实现理想的共同或单一结果而采取的协调行动"。

有关协作的文献更侧重于其学习的本质（Holmqvist，2004）、共同愿景和共同目标（Calantone and Rubera，2012）、信任和承诺（Adobor，2006）及知识共同创造（Jiang et al.，2013）。Kim 和 Lee（2010）指出了协作的战略作用，不同于那些只是考虑企业间结构上兼容的观点，战略规划的协作允许供应链合作伙伴共同努力以实现共同目标，而不是寻求个人机会。战略协作通过协作伙伴之间的相互学习促进知识发展（Hong et al.，2006）。因此，显然协作不同于合作，因为它强调共同的动机和共同学习。与合作相比，协作是对基于互惠原则的交换需求的回应。

Nissen 等（2014）在他们关于公共—私营合作开发团队知识共享的案例研究中，谈到合作和协作之间的差异。通过类比任务工作和团队合作之间的区别，他们认为合作关系的特征在于合作伙伴在劳动分工和责任分离的基础上实现价值在合作者之间转移，而协作关系则通过团队成员之间的强联系和相互依赖共同解决任务并实现共享目标。

　　参照 Rindfleisch（2000）的研究，合作关系被定义为由合作开发项目的合作伙伴建立的协调关系，以实现期望的相互或单一的新产品结果。合作关系中，参与合作开发项目的企业相互商定要执行的单独任务和责任，并将合作伙伴的产出与自己的产出相结合，以实现共同利益的最大化。与合作关系不同，协作关系中的每一方都有共同的责任和角色，以在新产品项目中实现共同的目标。在协作关系中，企业联合制定战略规划并且共同参与解决问题，学习和吸收项目中的知识。表 6-1 总结了合作与协作的关键方面。

表 6-1　协作与合作的比较

关键维度	合作	协作
目标设定	企业与合作企业协商自己的目标，以实现共同目标	合作企业通过共同的目标聚集在一起
任务取向	任务可以分割和整合，但大部分是由企业各自独立执行的	共同的努力或活动和共同的任务
责任	分离的责任	全部的责任
贡献比率	基于任务活动的贡献比率	相等的贡献比率
互动的频率	企业根据需要偶尔进行互动和沟通	信息和想法能够得到及时交流
企业间学习	知识利用	知识获取

　　区分合作和协作拓展了我们研究正式和非正式社会化策略在探索性与利用性合作开发项目中作用的视野。正式的社会化为团队成员提供了相互之间合法有序的联系，使个人对于在团队内的角色和责任做好准备（Kelman，2006）。合作关系更可能通过明确的角色定义和角色责任而得到培养（King and Sethi，1998）。此外，正式的社会化更有利于合作在利用性创新项目中的应用，因为利用性创新的任务通常是清晰而明确的（Gupta et al.，2006）。明确的任务经常以正式和明确的方式进行沟通，如会议和培训（Jansen et al.，2005），这将增加正式社会化对合作的影响，因为需要关于角色和职责的清楚描述（Nissen et al.，2014）。

　　通过关注劳动分工和知识规范，合作关系引导每个公司的合作开发项目去对自己的知识和经验方面的开发活动进行投资，从而不必担心知识流出（Heide and Miner，1992）。合作还提供了一种连接结构，将异质伙伴开发的产出结合成一个新的有机整体，使企业能够以产品模块的形式获得他们缺乏的技术资源（Lui，2009）。由于能够在保护现有知识和获得互补性资产之间获得平衡，合作将有利于提高利用性创新项目的合作开发绩效。

　　然而，在新技术和新市场的探索性项目中，合作的优势可能会减少。探索包括"跳出组织惯例之外尝试新的过程和发展新的想法"（Matusik and Hill，1998）。合作可能无助于改善探索性项目绩效，因为任务的分配和职责分工会导致对惯例的遵守，而且会限制自由的交流。这种自由交流有助于识别隐藏的想法和不太成熟的创意，并且能在团队成员中对这些想法和创意进行深加工，正因如此，合作的行为就降低了从合作伙伴中寻找新想法、技术和解决方案的潜力（Gupta et al.，2006）。因此，利用性创新项目中的正式社会化策略导致高水平的合作，高水平的合作提高了利用性创新项目的合作开发绩效。因此，我们提出以下假设。

H3：正式社会化策略对利用性创新项目的合作开发绩效的影响是由企业间团队成员的合作作为中介的。

协作的特点是基于共同目标来共同地解决问题（Nissen et al.，2014）。非正式的社会化策略培养了对于共同的项目目标强烈的承诺和精神支持（Cousins and Lawson，2007），并且增强了团队成员之间的人际信任和利他主义（Cousins et al.，2006），这对高水平的协作至关重要（Kim and Lee，2010）。基于人际信任的共同解决问题的活动促进了项目成员对异质团队成员之间不同的思维模式、不成熟的想法和有争议的意见进行深入了解，使得对新的备选方案的实验过程更有效（Grant and Baden-Fuller，2004；Lui，2009）。

此外，非正式沟通有助于角色适应和角色创新（King and Sethi，1998）。因为协作强调共同的努力和全部责任，这对于在环境变化中灵活和多样化的角色非常必要（Jansen et al.，2005）。特别是在探索性创新项目中，任务往往是开放的、不清楚和不确定的，因为它们的目标是要搜索和尝试新的想法（Gupta et al.，2006）。为了执行这些任务，团队成员需要以更灵活的角色一起工作，以满足不清楚的和特别任务的需求。

然而，在利用性创新项目中，协作中的知识共享可能会暴露公司所依赖的专有知识和关键技术，损害公司在现有市场中的竞争优势（Lynskey，1999）。此外，在熟悉的领域与他人协作可能会增加信息冗余，损害知识开发的效率（Rowley et al.，2000）。因此，探索性创新项目中的非正式社会化策略增强了协作关系，从而提高了合作开发绩效。因此，我们提出以下假设。

H4：非正式社会化策略对探索性创新项目中合作开发绩效的影响是由企业间团队成员的协作来作为中介的。

第三节　研究方法

一、研究背景和数据收集

本研究以中国高科技产业的合作开发项目作为分析单位。高科技产业的特点是对新产品开发的高投资以及对新产品销售的高度依赖（Beard and Easingwood，1992）。据调查，2012 年中国高科技产业中，新产品的销售收入占总销售收入的 28.6%（Jia，

2013）。此外，环境的快速变化（如新技术、客户需求等）迫使这些行业的公司积极开发和探索研发活动（Henisz and Macher，2004），并经常与上游和下游公司合作开发新产品（Athaide et al.，2003）。

本研究聘请了一家大型市场调研公司在中国帮助我们收集数据。样本框架由30多万家企业组成，采用中国官方认证的高科技企业名录。从样本框架中随机抽取了600家公司作为样本。这些公司涉及计算机制造和软件、计算机服务、消费类电子产品、电子元件、电信、制药和生物技术工程等高科技行业。

本研究使用多个信息来源收集数据，以减少常见的同源偏差。问卷分为三部分：焦点企业的项目经理回答自变量；焦点公司的高层管理人员评估合作开发项目的绩效；来自焦点公司的合作开发合作伙伴的项目经理回答中介变量。该研究使用以下步骤来识别和联系关键信息提供者。首先，通过电话或电子邮件确定并联系合作开发项目经理，然后通过电子邮件接收问卷。在问卷中，要求他们选择一个最近完成的新产品合作开发项目，在这个项目中他们的公司在评估中发挥主导作用，而不管其最终失败还是成功。受访者对七级评分的结果显示，所选择的项目对他们的合作开发项目具有高度的代表性（M=5.43）。

以两周的间隔发送了两次电子邮件之后返回了212份问卷，其中18份由于答复不完整而被删除。因此，共获得194个可用样本，实际响应率为32.3%。通过比较早期和晚期受访者在关键企业特征（如企业年限、规模等）上的无反应偏差，没有发现统计学上的显著差异。因此，无反应偏差在本研究中不是一个重要问题。

在样本特征方面，电信、电子元件产品行业的企业占了样本的17.53%，其次是计算机制造和软件（17.01%）、新材料和工程（11.85%）、机械（11.34%）、高技术服务（10.82%）、生物技术和制药（6.19%）、汽车零部件制造（3.60%）、其他行业（21.66%）。焦点公司的员工中位数为300。在信息提供者选择的所有合作开发项目中，54.64%的项目与供应商合作开发，其余与买方合作开发。

二、测量

研究通过七级多语句量表测量研究中的所有的构念，这些七级量表一部分是根据先前研究已有的成熟量表进行了调整，另一部分是为了本研究的目的而新开发的。附录6.1列出了这些量表的具体项目。

正式的社会化策略采用 Lawson 等（2009）以及 Cousins 和 Menguc（2006）提出的四个语句进行测量。要求受访者表明他们在多大程度上使用正式的结构和政策来增进与他们的项目伙伴的相互了解。非正式的社会化策略由四个语句进行测量，其中两个采用 Lawson 等（2009）的研究，另外根据对研究的访谈增加了两个新语句，这些语句反映了焦点企业利用非正式方法促进合作开发项目小组成员之间社会化的程度。

本研究在组织间合作的文献的基础上（Heide and Miner，1992；Nissen et al.，2014），通过与企业受访者的深度访谈，开发了合作和协作的测量量表。我们要求合作开发项目中的焦点企业项目经理向我们提供其合作企业的项目经理联系方式，然后我们邀请合作企业的项目经理评估他们在合作开发项目中与焦点公司员工的互动关系。每个量表都通过四个语句来衡量，这四个语句在目标设定、任务取向、责任、信息共享和工作风格等方面反映了协作和合作的不同特征。

本研究使用语义差异量表测量合作开发项目的探索性和利用性特征，量表中的三条语句来自 Jansen 等（2006）的研究，它们衡量了合作开发项目的创新特征是探索性项目或利用性项目的程度。合作开发绩效也通过三条语句来衡量，反映出合作开发项目在满足公司利润、销售和竞争优势方面的目标的程度。研究还将焦点公司的规模、合作伙伴（即买方或供应商）在供应链中的角色，以及焦点公司与其合作伙伴的相对权利作为控制变量。

三、测量的信效度检查

在检验假设之前，我们先检查了构念的测量信效度。所有的量表都表现出良好的信度。在通过计算 Cronbach's α 系数来检查每个量表的内部信度过程中，所有的值都大于推荐的值 0.70（Nunnally，1978）。所有构念的复合信度值超过了建议可接受的水平 0.70（Fornell and Larcker，1981）。

然后，我们对测量模型中的所有项目进行验证性因子分析。分析结果表明，总体测量模型与数据拟合程度良好（χ^2=244.05，d.f.=194），增量拟合指数（IFI）=0.97，比较拟合指数（CFI）=0.97，Tucker-Lewis 指数（TLI）=0.96，近似均方根误差（RMSEA）=0.04。

为了建立聚合效度，本研究检查了每个构念的平均提取方差（AVE）和项目载荷。每个语句项目对其相应构念的因子负荷是正向且高度显著的（$p<0.01$），这支持了测量的单维性。所有构念的 AVE 值（附录 6.1）满足 Fornell 和 Larcker（1981）提出的标准 0.50。这些结果支持构念的聚合效度。

本研究以两种方式来评估区分效度。首先，建立一个构念的相关矩阵，沿着对角线是每个构念的 AVE 的平方根。如表 6-2 所示，每个构念的 AVE 的平方根大于构念和其他任何构念的相关性。接下来，我们通过将受限模型与自由估计的测量模型进行比较来进行一系列卡方差异性检验，其中通过将每对构念的相关性固定为 1 来设置限制模型。卡方差异性检验的结果（表 6-3）显示所有受限模型均显著差于测量模型（所有 $p<0.001$）。所有这些结果证明了构念的区分效度。

表6-2　构念相关矩阵

构念	Mean	S.D.	1	2	3	4	5	6
1. 正式社会化策略	5.6	0.70	**0.71**					
2. 非正式社会化策略	5.1	0.89	0.25**	**0.74**				
3. 协作	5.3	0.88	0.41***	0.53***	**0.73**			
4. 合作	5.5	0.75	0.42***	0.27**	0.35***	**0.75**		
5. 合作开发绩效	5.3	0.80	0.30**	0.31**	0.42***	0.40***	**0.77**	
6. 探索性—利用性	4.1	0.88	0.10	0.15	0.19*	0.05	0.04	**0.80**

注：$*p < 0.05$，$**p < 0.01$，$***p < 0.001$；对角线上的粗体的值是提取的平均方差的平方根，其他是构造相关系数。

表6-3　区分效度检验

构念	1	2	3	4	5	6
1. 正式社会化策略						
2. 非正式社会化策略	77.97***					
3. 协作	58.84***	31.28***				
4. 合作	78.60***	74.61***	61.45***			
5. 合作开发绩效	87.71***	67.47***	49.38***	75.24***		
6. 探索性—利用性	94.49***	70.12***	60.88***	97.55***	94.71***	

注：$***p < 0.001$。

此外，Harman 的单因素检验用于检查同源偏差是否会对研究造成严重影响。结果表明，一个因素解释了 23.04% 的方差，表明同源偏差在本研究中不太可能存在问题。

总之，每个量表都展示了合理的信效度，因而可以用于检验我们的假设。

四、结果分析

检查了研究中使用的构念的信度和效度之后，我们使用结构方程模型来检验假设。我们根据探索性—利用性量表的中点值（=4），将整个样本划分为利用组（$N=75$）和探索组（$N=83$），其中 36 个样本落在中间点，因而将其从以下多组比较分析中排除。

我们首先建立了一个模型，检查正式和非正式社会化策略对合作开发绩效的直接影响（表6-4 中的模型 1）。然后我们使用 Hair 等（2010）的多组比较测试来检验正式和非正式社会化策略对探索性和利用性项目中合作开发绩效的直接影响。将所有路径都可自由估计的非约束模型的拟合（$\chi^2 = 167.18$，d.f.$=130$，$p < 0.05$；IFI$=0.94$，CFI$=0.94$，TLI$=0.92$，RMSEA$=0.04$）与路径在组间设置为相等的约束

模型进行比较（χ^2=176.78，d.f.=132，p<0.01；IFI=0.93，CFI=0.93，TLI=0.90，RMSEA=0.05）。因为约束模型并未显示出较非约束模型更好的拟合（$\Delta\chi^2$=9.60，d.f.=2，p<0.01），所以我们使用非约束模型的结果来测试 H1 和 H2。在利用组（β=0.45，t=2.74，p<0.01）中，正式社会化策略与合作开发绩效之间的路径系数为正并且统计上显著，但在探索组中无显著性（β=−0.07，t=−0.53，p>0.05），支持了 H1。从非正式社会化策略到合作开发绩效的路径系数在探索组中呈正值并且具有显著性（β=0.49，t=3.33，p<0.001），但在利用组中不显著（β=0.07，t=0.48，p>0.05），支持了 H2。

表 6-4　结构方程模型结果

	利用组			探索组		
	模型 1	模型 2	模型 3	Model 1	Model 2	Model 3
正式社会化策略	0.45 (2.74) **		0.31 (1.80)	0.07 (0.48)		−0.18 (−1.26)
非正式社会化策略	−0.07 (−0.53)		0.04 (0.08)	0.49 (3.33) ***		0.33 (2.11) *
合作		0.48 (2.99) **	0.40 (2.51) *		0.29 (3.29) **	0.07 (0.53)
协作		0.08 (0.60)	0.01 (0.04)		0.30 (3.30) ***	0.36 (2.35) *

注：* p<0.05，** p<0.01，*** p<0.001；括号中的值是每个系数的 t 值。

为了测试合作和协作的中介效应，我们建立了模型 2，包括合作和协作对合作开发绩效的直接影响（表 6-4）。然后建立模型 3，包括所有自变量、中介机制和因变量（表 6-4）。模型 3 的结果也呈现在图 6-1 的路径图中。

如表 6-4 中的模型 3 和图 6-1 所示，当将合作和协作作为中介机制加入到两种社会化策略和合作开发绩效之间的关系中时，整体模型很好地拟合了利用组的数据，χ^2=226.36，d.f.=191，p<0.05；IFI=0.94，CFI=0.93，TLI=0.92，RMSEA=0.05。从正式社会化策略到合作开发绩效的路径系数不再显著（β=0.31，t=1.80，p>0.05）。然而，从正式社会化策略到合作（β=0.40，t=2.70，p<0.01）和从合作到合作开发的路径的系数是正值并且显著的（β=0.40，t=2.51，p<0.001）。虽然正式的社会化策略和协作之间的关系是正向并且显着的（β=0.37，t=2.52，p<0.05），但是协作和共同发展绩效之间的关系却并不显著（β=0.01，t=0.04，p>0.05），表明协作在正式社会化策略和合作开发绩效之间没有中介作用。5000 次抽样的 bootstrap 分析显示，正式社会化策略通过合作对合作开发的间接影响是正向和显著的（ab=0.143，bootstrap se=0.090，95%CI[0.028，0.489]，p<0.01）。这些数据结果支持了 H3，表明在利用性项目中，正式社会化策略和合作开发绩效之间的关系完

全被合作所中介。

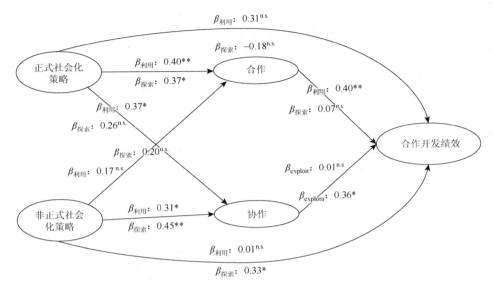

图 6-1　带有中介的结构方程模型结果

注：*$p<0.05$，**$p<0.01$，***$p<0.001$，n.s.不显著

当合作和协作作为两个中介变量加入时，总体模型很好地拟合了探索组的数据，χ^2=258.01，d.f.=191，$p>0.01$；IFI=0.90，CFI=0.90，TLI=0.88，RMSEA=0.06。从非正式社会化策略到协作的路径系数（β=0.45，t=3.13，$p<0.01$）和从协作到合作开发绩效的路径（β=0.36，t=2.35，$p<0.05$）为正且显著。5000 次重复抽样的 bootstrap 分析显示，非正式社会化策略通过协作对合作开发绩效的间接影响是正向和显著的（ab=0.144，bootstrap se=0.101，95%CI[0.015，0.413]，$p<0.05$）。然而，非正式社会化策略对合作开发绩效仍然存在较弱但显著的直接影响（β=0.33，t=2.11，$p<0.001$）。由于从合作到合作开发绩效的路径系数不显著（β=0.07，t=0.53，$p>0.05$），在探索性项目中，合作并未起到中介作用。这些发现支持了 H4。在探索性项目中，非正式社会化策略和合作开发绩效之间的关系由协作作为部分中介。

第四节　讨论与总结

一、主要结果总结

我们的研究结果表明，正式和非正式社会化策略对合作开发绩效的影响取决于项目的探索性和利用性的特征。首先，正式的社会化策略对利用性创新项目（而不是探索性创新项目）的合作开发绩效产生了强烈的正向影响。该观察支持了建立正式和有序的安排能够改善现有的常规工作的观点（Benner and Tushman，2003）。这与 Jansen 及其同事的发现具有相似之处，Jansen 及其同事认为正式化结构提高了企业追求利用性创新的能力，而不是探索性创新（Jansen et al.，2006）。正式的社会化使现有的知识和经验清晰明确，并允许现有知识在公司之间的个体中以兼容的方式流动和交换，提高了利用性创新项目的合作开发绩效。尽管它们对知识交流产生了积极的影响，但正式的规则和程序限制了试验性探索与临场问题的解决。因此，正式的社会化对探索性创新项目的成功没有显著的影响。

其次，非正式的社会化策略在提高探索性项目而非利用性项目的合作开发绩效方面发挥重要作用。本书的证据强化了这些非正式社会化的观点，这种社会化促进了现场实验的经历，减少了群体遵从的压力，能够帮助项目组成员打破常规的知识结构，增加了探索性创新项目的绩效（Mignerey et al.，1995；Allen and Meyer，1990）。

再次，这一发现不同于 Jansen 等（2006）对组织内部的新产品开发过程的研究。他们的研究发现非正式机制有助于同时促进利用性创新和探索性创新。本研究关注的是组织之间的合作开发而不是组织内部的创新，我们的发现揭示了非正式社会化在具有利用性特征的合作创新项目中可能存在的负面效应。与组织内的创新不同，组织间合作开发项目通常是暂时的，并且是结果导向的。尤其是在利用性项目中，由于其主要依靠现有知识的应用和缩短开发时间来获取成功（Cui et al.，2013），因此花费太多时间在非正式社会化中的个人关系上会降低合作开发的效率。

最后，在组织间合作开发项目中，一种对利用性项目优势的的威胁是知识泄漏风险（Spender and Grant，1996）。为了保持其在现有市场中的优势和权利，合作开发联盟中的公司必须相互竞争和合作。虽然通过非正式社会化建立的个人关系增强了个人的信任和承诺，但它们同时也增加了知识从焦点公司到另一个公司泄漏的可能性。焦点公司从项目中获得的好处将因此减少。

本研究首次将两种类型的互动关系（合作和协作）作为解释正式和非正式社会化策略对不同项目的合作开发绩效影响的中介机制。结果表明，正式社会化策略对利用性创新项目的合作开发绩效的影响是通过合作来作为中介的，而非正式社会化策略对探索性创新项目的合作开发绩效的影响是通过协作来作为中介的。

区分合作和协作为我们深刻理解正式和非正式的社会化策略提供了一个新的研究主题。我们的研究结果表明正式的社会化有助于促进合作关系，而非正式的社会化策略有助于促进利用性和探索性项目中的协作关系。正式的社会化策略增加了个人对角色边界的敏感性，有利于劳动分工和协调。相比之下，非正式社会化有助于建立共同的利益和目标，还有助于发展角色的灵活性和适应性；这是在共同努力中分担责任所必需的。

　　研究结果还表明正式的社会化策略促进了利用性项目的合作与协作。但是，正式机制只是增加了探索性项目中的合作关系而非协作关系。这些发现支持了早期关于正式社会化的正面效果和负面效果的研究结果（Jansen et al.，2006），并发现正式社会化的负面影响使其在需要更多角色创新的探索性项目中的积极效应降低。

　　与关于组织间关系的文献（Lui，2009；Nissen et al.，2014）一致，本研究发现协作与合作在合作开发的过程中是共存的。研究结果支持了 Nissen 等（2014）提出的在创新过程中有必要对合作与协作进行区分的观点，并通过识别区分两者作用的边界条件进一步发展了这一观点。如研究结果所示，研究发现合作关系对探索性创新项目的合作开发绩效具有显著的积极影响，而协作对利用性创新项目的绩效有显著的影响。这一发现表明，强调合作对于开发现有知识和市场至关重要，因为它有助于在相关的知识合作领域建立兼容的知识结构，并在不相关的知识合作领域专注于各自异质的知识库。然而，合作并不一定适合于在新兴市场中探索新知识，因为它可能会阻碍不相关知识合作领域之间的知识转移，并阻碍新兴思想的出现。相比之下，协作增强了不相关知识领域之间的知识吸收，并能加快生成整合各种知识库的新想法。因此它能够推动打破现有知识结构以及开发新产品和新市场。

二、理论贡献

　　本研究对正式和非正式社会化策略对创新绩效产生的不同影响提供了可能的解释，加深了对正式和非正式社会化过程的理解。

　　首先，通过将利用性合作开发项目中的社会化过程与探索性项目的社会化过程区分开来，本研究强调了正式和非正式社会化在促进角色设定和组织间学习中的不同作用。本研究将组织内部正式社会化的积极影响的结果（Ashforth and Saks，1996）扩展到了组织间的研究情境下。该研究对组织间情境中的社会化研究做出了贡献，即确定了正式社会化策略对合作绩效具有积极影响的情境（即在利用性项目中），而这在以前的研究中并未得到检查（Cousins et al.，2006；Lawson et al.，2009）。

　　其次，本研究为社会化策略与合作开发绩效之间的中介机制提供了理论解释。引入合作和协作两个概念不仅有助于区分正式与非正式社会化在合作开发中的作用，还可以解释导致不同项目绩效发生变化的原因。研究结果不仅支持了非正式社会化策略增加了关系资本的观点（Cousins et al.，2006），而且还通过调查每种社会化策略建立的关系性质，将正式社会化与非正式社会化区分开来。

　　再次，本书还扩展了目前关于组织间关系的研究，发现合作与协作在互动方式和知识开发模式方面有本质的不同。通过使用高科技公司的数据，我们的研究首次开发量表对合作开发项目中的合作和协作进行了测量。实证结果表明合作与协作是同时存在的，但在合作开发中发挥着不同的作用，这支持了 Nissen 等（2014）在其定性研究中的发现。这一结果增加了有关合作和协作对促进探索性创新项目和利用性创新项目的合作开发绩效具有不同影响的认识。

最后，本研究通过强调在获取互补性资源和保护利用性项目之间取得平衡的重要性，对合作开发战略联盟方面的研究作出了贡献。正式的社会化对于利用性合作开发项目是有益的，因为这种结构化的安排增强了合作关系，促进了多方知识的结合并且不会削弱现有的知识优势。另外，对于探索性项目，合作开发联盟旨在开发新的市场和竞争优势，此时非正式交流导致的知识转移和知识泄漏之间的冲突（Mowery et al.，1996；Spender and Grant，1996）会减少，隐性知识的吸收会得到加强，并且个人信任提高也会有利于合作双方为实现共同目标共同努力，有助于探索性创新。

三、管理启示

这些发现为参与合作开发项目的企业提供了几点启示。首先，为了提高合作开发项目的绩效，保持社会化策略与项目的创新特征（即探索性—利用性特性）之间的一致性至关重要。正式的社会化策略，如培训、记录和正式会议，可以用来促进现有知识和开发现有市场；而非正式的机制，如谈话、群体社交活动和即时消息聊天组等，对开发新知识和新市场更有帮助。

此外，当考虑合作开发中互动过程的管理时，我们建议管理者需要区分合作与协作。以探索性创新为特征的合作开发项目，需要更多鼓励企业之间进行协作，因为它促进了不同任务中进行联合问题解决以及在异质团队成员之间转移隐性知识。如果合作开发项目是以利用性创新为目的，则应突出企业之间的合作，因为它在平衡现有知识保护和获得互补性资产方面具有优势。

为了解决保护现有知识和获得互补性知识之间的冲突，建议管理者使用正式社会化策略来建立合作关系。就像日本公司所做的那样，正式的社会化策略可以限制非必需的知识传播行为（Lynskey，1999）。然而，当现有的知识或竞争优势成为探索性创新进程中的障碍时，管理人员需要警惕性地将注意力转移到非正式的社会化策略上面。

四、局限性和未来方向

本研究不可避免具有一些局限性，这为未来研究方向提供了一些建议。第一，虽然将自变量和因变量在数据来源上进行分离减少了同源偏差的问题，但本研究中的横截面数据在检验社会化策略和互动关系之间的因果关系方面仍然有其局限性。未来的研究可以设计一个纵向研究，以检验互动关系的演变过程，以及在社会化过程中对合作开发绩效影响作用。第二，在某些测量中使用调查数据可能具有局限性。在未来的研究中，可以通过使用二手数据对绩效和交互关系进行测量来验证本研究发现的稳健性。第三，应谨慎看待本研究结果的可推广性，这是因为该研究的样本主要来自中国的高科技行业。结果的外部效度应该通过使用来自不同国家和行业的样本进行扩展。第四，自我选择偏见可能存在于研究中，因为项目经理可能更容易选择一个成功的项目进行评估。未来的研究可以使用更严格的方式来选择焦点项目，例如，由研究者来随机选择一个项目。第五，考虑到过多依赖正式和非正式的社会化策略也可能对合作开发绩效产生负面影响，未来可以检查社会化策略对合作绩效影响的非线性作用。

参 考 文 献

Adobor H, 2006. The role of personal relationships in inter-firm alliances: benefits, dysfunctions, and some suggestions. Business horizons, 49 (6): 473-486.

Allen N J, Meyer J P, 1990. Organizational socialization tactics: a longitudinal analysis of links to newcomers' commitment and role orientation. Academy of management journal, 33 (4): 847-858.

Appleyard M M, 2003. The influence of knowledge accumulation on buyer-supplier codevelopment projects. Journal of product innovation management, 20 (5): 356-373.

Ashforth B K, Saks A M, 1996. Socialization tactics: longitudinal effects on newcomer adjustment. Academy of management journal, 39 (1): 149-178.

Athaide G A, Stump R L, Joshi A W, 2003. Understanding new product co-development relationships in technology-based, industrial markets. Journal of marketing theory and practice: 46-58.

Beard C S, Easingwood C, 1992. Sources of competitive advantage in the marketing of technology-intensive products and processes. European journal of marketing, 26 (12): 5-18.

Benner M J, Tushman M L, 2003. Exploitation, exploration, and process management: the productivity dilemma revisited. Academy of management review, 28 (2): 238-256.

Cable D M, Parsons C K, 2001. Socialization tactics and person - organization fit. Personnel psychology, 54 (1): 1-23.

Calantone R, Rubera G, 2012. When should RD&E and marketing collaborate? the moderating role of exploration-exploitation and environmental uncertainty. Journal of product innovation management, 29 (1): 144-157.

Cousins P D, Handfield R B, Lawson B, et al., 2006. Creating supply chain relational capital: the impact of formal and informal socialization processes. Journal of operations management, 24 (6): 851-863.

Cousins P D, Lawson B, 2007. The effect of socialization mechanisms and performance measurement on supplier integration in new product development. British journal of management, 18 (3): 311-326.

Cousins P D, Menguc B, 2006. The implications of socialization and integration in supply chain management. Journal of operations management，24（5）：604-620.

Cui N，Wen N，Xu L，et al.，2013. Contingent effects of managerial guanxi on new product development success. Journal of business research，66（12）：2522-2528.

Fornell C，Larcker D F，1981. Evaluating structural equation models with unobservable variables and measurement error. Journal of marketing research，18（1）：39-50.

Grant R M，Baden‐Fuller C，2004. A knowledge accessing theory of strategic alliances. Journal of management studies，41（1）：61-84.

Gupta A K，Govindarajan V，2000. Knowledge flows within multinational corporations. Strategic management journal，21（4）：473-496.

Gupta A K，Smith K G，Shalley C E，2006. The interplay between exploration and exploitation. Academy of management journal，49（4）：693-706.

Hair J F，Black W C，Babin B J，et al.，2010. Multivariate data analysis. 7th ed. Uppersaddle River，New Jersey：Pearson Education International.

Heide J B，Miner A S，1992. The shadow of the future：effects of anticipated interaction and frequency of contact on buyer-seller cooperation. Academy of management journal，35（2）：265-291.

Henisz W J，Macher J T，2004. Firm-and country-level trade-offs and contingencies in the evaluation of foreign investment：the semiconductor industry，1994-2002. Organization science，15（5）：537-554.

Holmqvist M，2004. Experiential learning processes of exploitation and exploration within and between organizations：an empirical study of product development. Organization science，15（1）：70-81.

Hong J FL，Easterby‐Smith M，Snell R S，2006. Transferring organizational learning systems to Japanese subsidiaries in China*. Journal of management studies，43（5）：1027-1058.

Jansen J J P，Van Den Bosch F A J，Volberda H W，2006. Exploratory innovation，exploitative innovation，and performance：Effects of organizational antecedents and environmental moderators. Management science，52（11）：1661-1674.

Jansen J J P，Van Den Bosch F A J，Volberda H W，2005. Managing potential and realized absorptive capacity：how do organizational antecedents matter? Academy of management journal，48（6）：999-1015.

Jia N，2013. China statistics yearbook on high technology industry. Beijing：China Statistics Press.

Jiang X，Li M，Gao S，et al.，2013. Managing knowledge leakage in strategic alliances：the effects of trust and formal contracts. Industrial marketing management，42（6）：983-991.

Kelman H C，2006. Interests，relationships，identities：three central issues for individuals and groups in negotiating their social environment. Annual reviews psychol，57：1-26.

Khan Z，Shenkar O，Lew Y K，2015. Knowledge transfer from international joint ventures to local suppliers in a developing economy. Journal of international business studies，46（6）：656-675.

Kikoski C K，Kikoski J F，2004. The inquiring organization：tacit knowledge，conversation，and knowledge creation：skills for 21st-century organizations. Westport，CT and London：Praeger.

Kim D，Lee R P，2010. Systems collaboration and strategic collaboration：their impacts on supply chain responsiveness and market performance*. Decision sciences，41（4）：955-981.

King R C，Sethi V，1998. The impact of socialization on the role adjustment of information systems professionals. Journal of management information systems，14（4）：195-217.

Lawson B，Petersen K J，Cousins P D，et al.，2009. Knowledge sharing in interorganizational product development teams：the effect of formal and informal socialization mechanisms*. Journal of product innovation management，26（2）：

156-172.

Leonard D，Sensiper S，1998. The role of tacit knowledge in group innovation. California management review，40（3）：112-132.

Lui S S，2009. The roles of competence trust，formal contract，and time horizon in interorganizational learning. Organization studies，30（4）：333-353.

Lynskey M J，1999. The transfer of resources and competencies for developing technological capabilities-the case of Fujitsu-ICL. Technology analysis and strategic management，11（3）：317-336.

March J G，1991. Exploration and exploitation in organizational learning. Organization science，2（1）：71-87.

Matusik S F，Hill C W L，1998. The utilization of contingent work，knowledge creation，and competitive advantage. Academy of management review，23（4）：680-697.

Mignerey J T，Rubin R B，Gorden W I，1995. Organizational entry：an Investigation of newcomer communication behavior and uncertainty. Communication research，22（1）：54-85.

Mowery D C，Oxley J E，Silverman B S，1996. Strategic alliances and interfirm knowledge transfer. Strategic management journal，17：77-91.

Mujtaba B G，Sims R L，2006. Socializing retail employees in ethical values：the effectiveness of the formal versus informal methods. Journal of business and psychology，21（2）：261-272.

Nissen H A，Evald M R，Clarke A H，2014. Knowledge sharing in heterogeneous teams through collaboration and cooperation：exemplified through public-private-innovation partnerships. Industrial marketing management，43（3）：473-482.

Nunnally J，1978. Psychometric theory. New York：McGraw-Hill.

Ragins B R，Cotton J L，1999. Mentor functions and outcomes：a comparison of men and women in formal and informal mentoring relationships. Journal of applied psychology，84（4）：529-550.

Rindfleisch A，2000. Organizational trust and interfirm cooperation：an examination of horizontal versus vertical alliances. Marketing letters，11（1）：81-95.

Rowley T，Behrens D，Krackhardt D，2000. Redundant governance structures：an analysis of structural and relational embeddedness in the steel and semiconductor industries. Strategic management journal，21（3）：369-386.

Spender J C，Grant R M，1996. Knowledge and the firm：overview. Strategic management journal，17（S2）：5-9.

本 章 附 录

附表 6.1　测量模型结果

构念		标准化值 [a]
正式社会化策略（Cronbach's α=0.80，AVE=0.50，CR=0.80）		
请说明贵公司用以提高与合作伙伴之间的相互理解的方法	矩阵式报告结构	0.72 [b]
	正式的培训项目	0.68（8.05）
	常规的研讨会和会议	0.70（8.26）
	正式的项目结构和流程	0.72（8.45）

续表

构念	标准化值 [a]
非正式社会化策略（Cronbach's α=0.82，AVE=0.54，CR=0.83）	
请说明贵公司用以提高与合作伙伴之间的相互理解的方法　小组社交活动（如聚餐、聚会和运动）	0.75[b]
开放沟通的指导原则	0.76（9.47）
个人关系建立策略	0.73（9.16）
在团队成员中建立即时消息聊天组（如腾讯 QQ、微信）	0.72（9.03）
协作（Cronbach's α=0.82，AVE=0.53，CR=0.82）	
合作开发项目中的所有成员对实现项目目标承担全部责任	0.75[b]
每个成员对实现共同目标作出均等贡献	0.74（9.42）
所需要的任何信息可以及时提供给对方	0.71（8.98）
合作开发项目成员之间共同努力以实现共同目标	0.71（9.08）
合作（Cronbach's α=0.84，AVE=0.57，CR=0.84）	
合作开发项目成员需要告知合作方自己在创新过程中的进展情况	0.74[b]
在合作开发项目伙伴之间有明确的分工和协调	0.81（10.14）
每个合作开发项目成员分别执行合作开发项目中定义的任务，然后将任务交付给其他合作伙伴	0.70（8.93）
合作开发合作伙伴会考虑各自的目标，并尝试相互调整	0.76（9.66）
合作开发绩效（Cronbach's α=0.81，AVE=0.59，CR=0.81）	
远远低于我们公司的利润目标与远远高于我们公司的利润目标	0.76[b]
远远低于我们公司的销售目标与远远高于我们公司的销售目标	0.85（9.74）
远远低于我们公司的市场份额目标与远远高于我们公司的市场份额目标	0.70（8.90）
探索性—创新性（Cronbach's α=0.84，AVE=0.63，CR=0.84）	
项目的目标是在我们公司没有经验的领域的项目中/在我们公司已经拥有丰富经验的领域的项目中加强创新技能	0.85[b]
项目的目标是获得对项目创新非常重要的全新的组织和技术技能/提高利用成熟技术的技能和提高当前创新运营的产出率	0.75（10.19）
项目的目标是提高在寻找全新的顾客问题解决方案/改良现有解决方案方面的能力	0.79（10.49）

注：a. 未标准化的 t 值显示在了括号中；b. 固定参数。